SOURIRE

FRANZÖSISCH ÜBUNGSBUCH

Teil IV

Mag. Claudia Lichtenwagner

G&G

Mit Bescheid des Bundesministeriums für Bildung, Wissenschaft und Kultur vom 13. Jänner 2004, GZ 48.238/1-V/1/03 gemäß § 14 Absatz 2 und 5 des Schulunterrichtsgesetzes BGBl. Nr. 472/86 und gemäß den derzeit geltenden Lehrplänen als für den Unterrichtsgebrauch an Hauptschulen und allgemein bildenden höheren Schulen für die 4. Klasse im Unterrichtsgegenstand Französisch geeignet erklärt.

www.ggverlag.at

ISBN 978-3-7074-1313-7
Schulbuchnummer 121076

In der aktuell gültigen Rechtschreibung

9. Auflage 2014 (9,00)

Printed by Brüder Glöckler, Wöllersdorf

VORWORT

In **SOURIRE IV** werden vor allem speziellere Fälle der Verneinung, der Gebrauch der Zeiten (imparfait, passé composé, futur, futur antérieur, plus-que-parfait), die Zeitenfolge und die Bedingungssätze näher erläutert.
Weiters werden wir uns mit den Possessivpronomen, den Demonstrativ- und Relativpronomen befassen. Auch ein Einblick ins Passiv, in die Übereinstimmung des Adjektivs, die Steigerung des Adverbs, in die indefiniten Begleiter bzw. Pronomen *tout, chacun* etc. wird in diesem Band geboten.
Der Aufbau des Werkes ist ebenso gestaltet wie **SOURIRE I, SOURIRE II** und **SOURIRE III:** mit übersichtlichen Regeln und Erklärungen zu Beginn der Kapitel, Übungen zur Selbstüberprüfung im Anschluss und dem Schlüssel (*clé*) am Ende des Buches. Bei den Lösungen wird meist noch einmal auf die Regeln, die in den jeweiligen Beispielen zur Anwendung kommen, hingewiesen.
Da **SOURIRE IV** auf **SOURIRE I, SOURIRE II** und **SOURIRE III** aufbaut, findet sich auch immer wieder ein Querverweis auf wichtige Regeln aus diesen Werken.
Unbekannte Wörter können im *Vocabulaire*-Teil nachgeschlagen werden.

Nun wünsche ich noch ein recht erfolgreiches Lernen!

Prof. Mag. Claudia Lichtenwagner

TABLE DES MATIÈRES

page

LA NÉGATION

Voir d'abord *La négation* ☺ **I** p 58, *La négation sans verbe* ☺ **I** p 65, *L'article partitif* ☺ **II** p 19.

1. ne (n') ... que *nur, erst*

Stellung: **ne (n') ... que** ***umschließt*** die **gesamte** Verbkonstruktion.

Elle	**n'** aime	**que** son ami.	= Elle aime <u>seulement</u> son ami.
Il	**n'** a invité	**que** ses parents.	= Elle a <u>seulement</u> invité ses p.
Elle	**ne** veut boire	**que** <u>du</u> champagne.	= Elle veut <u>seulement</u> boire ...
Nous	**ne** savons faire	**que** cet exercice.	= Nous savons <u>seulement</u> faire ...
Paul	**ne** va manger	**que** <u>des</u> légumes.	= Paul va <u>seulement</u> manger ...
Il	**n'** est	**que** six heures.	= Il est <u>seulement</u> six heures.
Il	**n'** est venu	**qu'**à huit heures.	= C'est <u>seulement</u> à huit heures qu'il est venu. *Er ist erst um 8 h gekommen.*

Merke 1: Wird ein **Verb** eingeschränkt, muss eine Konstruktion mit **faire** verwendet werden.
Elle **ne** <u>fait</u> **que** <u>rire</u>. *Sie <u>lacht</u> nur.*

Merke 2: Wird ein **Substantiv** <u>**ohne**</u> **Artikel** eingeschränkt, kann <u>nur</u> **seulement** verwendet werden.
J'ai **seulement** faim / soif / peur.

Merke 3: Wird das **Subjekt** eingeschränkt, muss **seul** (-e/-s/-es) verwendet werden.
Seul (-e/-s/-es) steht **vor** dem Subjekt.
Seule son amie est venue. *Nur seine Freundin ist gekommen.*
Seuls les films policiers l'intéressent. *Nur Krimis interessieren ihn.*

Merke 4: bei **ne ... que** steht der **volle** Teilungsartikel *(**nie** das partitive **de**).*
(☺ **II** p 19 / Merke 1)
Elle **n'**achète **que du** beurre, **de la** limonade et **des** fruits.

2. ne (n') ... personne *niemanden/m* ne (n') ... rien *nichts* Objekt

ne ... personne *umschließt* die **gesamte** Verbkonstruktion.

Je	**ne**	vois	**personne**.
Il	**n'**	y avait	**personne**.
Je	**n'**	ai entendu	**personne**.
Paul	**ne**	va rencontrer	**personne**.
Je	**ne**	veux voir	**personne**.
Elle	**ne**	peut voir	**personne**.
Il	**ne**	parle à	**personne**.

ne ... rien *umschließt* nur das **konjugierte** Verb.

Je	**ne**	vois	**rien**.
Il	**n'**	y avait	**rien**.
Je	**n'**	ai	**rien** entendu.
Elle	**ne**	va	**rien** acheter.
Je	**ne**	veux	**rien** manger.
Tu	**ne**	peux	**rien** voir.
Elle	**ne** se	plaint de	**rien**.

3. Personne ne (n') *Niemand* Rien ne (n') *Nichts* Subjekt

Personne n'est malade.
Personne ne lui a parlé.
Personne ne m'a téléphoné ce matin.
Personne n'est arrivé.

Rien ne se passe ici.
Rien ne l'intéresse.
Rien n'est important pour elle.
Rien ne va plus.

Achtung: Das **Verb** wird bei personne **nicht übereingestimmt**.
Es handelt sich **nicht** um eine feminine Form!

4. ne (n') ... aucun(e) *kein(e)(n) einzige(n)* Objekt

ne (n') ... aucun(e) *umschließt* die **gesamte** Verbkonstruktion.

Il **n'**a vu **aucun** film intéressant.
Je **n'**ai **aucune** idée de ce qu'il fait.
Elle **n'**avait **aucune** difficulté.
Je **ne** peux faire **aucun** voyage.
Elle **ne** s'attendait à **aucune** difficulté. *Sie erwartete keine Schwierigkeit.*

5. Aucun(e) (...) ne (n') *kein(e)* Subjekt

Aucune idée **ne** lui plaît.
Aucun homme **ne** l'intéresse.
Aucun ne l'intéresse.

Anmerkung:
Aucun(e) kann auch **ohne** Substantiv stehen.
Aus dem Textzusammenhang
muss aber hervorgehen, um wen es sich handelt.

6. ne (n') ... nulle part *nirgends*

... **nulle part** steht am ***Satzende***.

Il **ne** trouve ses clés **nulle part**.
Il **n'**a trouvé ses lunettes **nulle part**.

7. ne (n') ... ni ... ni *weder ... noch* <u>Objekt</u>, <u>Adjektiv</u>, <u>Partizip</u> ***gehobene*** *Sprache*

Voir aussi ☺ **II** p 19 / Merke 2

Ne steht **vor** dem Verb,
ni wird vor <u>jedem</u> Objekt/Adjektiv/Partizip wiederholt.

Il **ne** connaît **ni** Pierre **ni** Chantal.	<u>Objekt</u>
Je **ne** mange **ni** chocolats **ni** bonbons.	<u>Objekt</u>
Elle **n'**aime **ni** l'un **ni** l'autre.	<u>Objekt</u>
Nous **n'**avons vu **ni** la cathédrale **ni** le musée.	<u>Objekt</u>
Il **ne** s'intéresse **ni** à la musique classique **ni** au jazz.	<u>Objekt</u>
Elle **n'**avait **ni** mari **ni** enfants.	<u>Objekt</u>
Elle **n'**est **ni** laide **ni** belle.	<u>Adjektiv</u>
Elle **n'**a **ni** bu **ni** mangé.	<u>Partizip</u>

Merke :
Nach **ni ... ni** steht **weder** der **unbestimmte, noch** der **Teilungsartikel**. Nur der **bestimmte** Artikel ist **möglich**.

8. Ni ... ni ... ne (n') *weder ... noch* <u>Subjekt</u> ***gehobene*** *Sprache*

Ni l'un **ni** l'autre **ne** m'intéresse.
Ni l'un **ni** l'autre **ne** lui plaît.

9. ne ... ni ne (n') *weder ... noch* <u>verneinte Verben</u> ***gehobene*** *Sprache*

Je **ne** <u>bois</u> **ni ne** <u>fume</u>.
Il **ne** <u>veut</u> **ni ne** <u>peut</u> faire ses devoirs.

10. ne ... pas ... ni	*weder ... noch*	Objekt, Adjektiv, Partizip	***Umgangssprache***
ne ... pas ... non plus	*weder ... noch*	Objekt, Subjekt, Partizip	

Je **n**'aime **pas** la voiture rouge **ni** la voiture noire. *= Umgangssprache* Objekt
Je **n**'aime **pas** la voiture rouge **,** la voiture noire **non plus**. *= Umgangssprache*
Je **n**'aime **ni** la voiture rouge **ni** la voiture noire. *= gehobene Sprache (règle 7)*

Il **n**'achète **pas** de voiture **ni** de moto. *= Umgangssprache* Objekt
Il **n**'achète **pas** de voiture **,** de moto **non plus**. *= Umgangssprache*
Il **n**'achète **ni** voiture **ni** moto. *= gehobene Sprache (règle 7)*

Il **n**'a **pas** de parents **ni** d'amis. *= Umgangssprache* Objekt
Il **n**'a **pas** de parents **,** d'amis **non plus**. *= Umgangssprache*
Il **n**'a **ni** parents **ni** amis. *= gehobene Sprache (règle 7)*

Merke: Befindet sich **ni** nur einmal im Satz, so darf das partitive **de** nach **ni** stehen. *(vergleiche Regel 7/Merke)*

Nous **n**'avons **pas** vu Forest Gump **ni** Pretty Woman. *= Umgangsspr.* Objekt
Nous **n**'avons **pas** vu Forest Gump **,** Pretty Woman **non plus**. *= Umgangsspr.*
Nous **n**'avons vu **ni** Forest Gump **ni** Pretty Woman. *= gehobene Spr. (règle 7)*

Il **n**'est **pas** charmant **ni** poli. *= Umgangssprache* Adjektiv
Il **n**'est **ni** charmant **ni** poli. *= gehobene Sprache (règle 7)*

Leur maison **n**'est **pas** grande **ni** belle. *= Umgangssprache* Adjektiv
Leur maison **n**'est **ni** grande **ni** belle. *= gehobene Sprache (règle 7)*

Barbara **n**'achète **pas** la robe **,** Sylvie **non plus**. *= Umgangssprache* Subjekt
Ni Barbara **ni** Sylvie **n**'achètent la robe. *= gehobene Sprache (règle 8)*

Luc **n**'est **pas** venu **,** Robert **non plus**. *= Umgangssprache* Subjekt
Ni Luc **ni** Robert **ne** sont venus. *= gehobene Sprache (règle 8)*

Elle **n**'a **pas** pleuré **ni** ri. *= Umgangssprache* Partizip
Elle **n**'a **pas** pleuré **et pas** ri **non plus**. *= Umgangssprache*
Elle **n**'a **ni** pleuré **ni** ri. *= gehobene Sprache (règle 7)*

11. non seulement ... , mais aussi / mais encore *nicht nur ... sondern auch*
ne ... pas seulement ... , mais aussi / mais encore Objekt, Subjekt, Adjektiv

Non seulement Marie, **mais aussi / mais encore** Claire étaient là. Subjekt

Elle **ne** joue **pas seulement** de la flûte, **mais aussi / mais encore** de la guitare. = Elle joue **non seulement** de la flûte, **mais aussi / mais encore** de la guitare. Objekt

Elle **n'**est **pas seulement** très belle, **mais aussi / mais encore** très intelligente. = Elle est **non seulement** très belle, **mais aussi / mais encore** très intelligente. Adjektiv

12. Personne, rien, jamais, aucun können auch **positiv ohne ne** gebraucht werden.

Il s'en va sans voir **personne**.	*ohne **jemanden** zu sehen*
Elle le sait mieux que **personne**.	*Sie weiß es besser als irgend **jemand**.*
Elle est partie sans **rien** dire.	*ohne **etwas** zu sagen*
Il était incapable de **rien** dire.	*Er war unfähig **etwas** zu sagen.*
A-t-on **jamais** vu pareille chose?	*Hat man schon **jemals** so **etwas** gesehen?*
A-t-on **jamais rien** vu de pareil?	*Hat man schon **jemals** so **etwas** gesehen?*
C'est pire que **jamais**.	*Das ist schlimmer denn **je**.*
Si **jamais** tu reviens	*wenn du **jemals** wiederkommst*
Elle s'est tue à **jamais**.	*Sie hat für **immer** geschwiegen.*
Aucune nouvelle pour moi?	***Irgendeine** Neuigkeit für mich?*

13. Zur **Verstärkung** dienen **absolument** und **du tout.**

Je n'ai **absolument** rien à te donner.	*überhaupt nichts, absolut nichts*
Je ne veux pas **du tout** te parler.	*überhaupt nicht, absolut nicht*
Elle n'a pas **du tout** changé. =	
Elle n'a pas changé **du tout**.	*Sie hat sich überhaupt nicht verändert.*

14. Beim **negativen Infinitiv stehen** ***ne pas / ne plus / ne jamais*** **etc.** gemeinsam <u>**vor**</u> **der Nennform:**

Je regrette de **ne pas** le revoir.	*Ich bedaure, dass ich ihn nicht wiedersehe.*
Elle souhaite **ne plus** le revoir.	*Sie wünscht ihn nicht mehr wiederzusehen.*
Il espère **ne jamais** la rencontrer.	*Er hofft sie nie mehr zu treffen.*

Merke:
Nur bei **être** und **avoir** ist **auch folgende Satzstellung** möglich:

Il regrette de **n'**<u>avoir</u> **pas** dit la vérité. = Il regrette de **ne pas** <u>avoir</u> dit la vérité.

Il a vite couru pour **n'**<u>être</u> **pas** arrêté. = Il a vite couru pour **ne pas** <u>être</u> arrêté.

15. Beachte folgende **mögliche Kombinationen**:

On **n'**a **toujours** vu **personne**.	*... **noch immer niemanden** gesehen.*
Elle **n'**a **toujours rien** expliqué.	*Sie hat **noch immer nichts** erklärt.*
Elle **n'**a **toujours pas** passé son examen.	*... ihre Prüfung **noch immer nicht** gemacht.*
Il **n'**a **plus aucune** voiture	*Er hat **kein** einziges Auto **mehr.***
Je **n'**entends **plus personne**.	*Ich höre **keinen mehr / niemanden mehr.***
Il **n'**a **plus rien** fait.	*Er hat **nichts mehr** gemacht.*
Elle **n'**a **plus rien**.	*Sie hat **nichts mehr.***
Plus rien ne nous étonne.	***Nichts** verwundert uns **mehr**.*
Je **ne** les ai **plus jamais** revus.	*Ich habe sie **nie mehr** wiedergesehen.*
Nous **n'**avons **plus ni** maison **ni** voiture.	*Wir haben **kein** Haus und **kein** Auto **mehr**.*
Tu **n'**aides **jamais personne**.	*Du hilfst **nie jemandem**.*
Tu **ne** fais **jamais rien**.	*Du machst **nie etwas**.*
Je **n'**ai **pas encore** fait mes devoirs.	*... meine Hausübg. **noch nicht** gemacht.*
Il **n'**a **pas encore** soif.	*... **noch keinen** Durst.*
Elle **n'**a **pas encore** passé son examen.	*... ihre Prüfung **noch nicht** gemacht.*
Je **n'**ai **encore** entendu **personne**.	*Ich habe **noch niemanden** gehört.*
Elle **n'**a **encore jamais** été à Londres.	*Sie ist **noch nie** in London gewesen.*
Je **n'**y ai **pas** été **non plus**.	*Ich bin **auch nicht** dort gewesen.*
Je **n'**ai **rien** bu **non plus**.	*Ich habe **auch nichts** getrunken.*

À REMPLIR

1. Je .... bois .... café .... bière. (weder ... noch)
2. Je .... bois .... café .... bière. (weder ... noch)
3. Je .... bois .... café, ... bière .... (weder ... noch)
4. Il .... a .... nouvelle pour nous. (keine)
5. Il .... a .... nouvelle pour nous. (keine)
6. Le garçon est entré .... avoir salué ....(ohne jemanden)
7. Si .... tu lui écris une lettre, donne-lui le bonjour de ma part. (jemals)
8. Malheureusement elle .... a ....
   passé son permis de conduire. (noch immer nicht)
9. Elle .... a .... passé son permis de
   conduire. (noch nicht)
10. .... nous fait peur. (nichts)
11. .... nous fait peur. (nichts mehr)
12. Il .... veut .... peut nous aider. (weder ... noch)
13. Son ami .... est .... poli, ... charmant,
    .... serviable. (weder .... noch)
14. .... est venu. (niemand mehr)
15. On .... connaît .... son nom .... son adresse. (weder ... noch)
16. Je .... ai .... fini ma lettre. (noch nicht)
17. Pilou .... ressemble à .... (niemandem)
18. Elle a demandé à son ami .... la quitter
    maintenant. (sie nicht zu verlassen)
19. Il a laissé partir Marie .... faire. (ohne etwas zu tun)
20. .... invité .... a pris de gâteau. (keiner)
21. Il .... fait .... taquiner sa petite sœur. (nur)
22. Nous avons .... pris des côtelettes. (nur)
23. Elle a promis de .... inviter Jacques. (nicht einzuladen)
24. .... son frère .... sa sœur .... lui ressemblent. (weder ... noch)
25. .... ses amis sont restés pour l'aider. (nur)
26. Elle .... parle .... à .... (mit niemandem mehr)
27. .... a sonné à la porte. (niemand)
28. Nous .... avons trouvé .... restaurant bon marché. (kein)
29. Il .... a trouvé son parapluie .... (nirgends)
30. Fernand .... a .... écrit, Paul .... (weder ... noch)
31. .... Béatrice, ... Charles
    savent faire la cuisine. (nicht nur ... sondern auch)
32. C'était pire que .... (je)
33. Il .... veut .... sortir
    avec Sylvie. (überhaupt nicht)
34. Il .... a .... dit. (noch immer nichts)

TRANSFORME LES PHRASES SUIVANTES

1. Le jardin est grand et beau. *(weder ... noch)*
2. J'ai une idée de l'endroit où peuvent être mes clés. *(keine)*
3. Elle mange des légumes et des fruits. *(weder ... noch)*
4. Il est six heures. *(erst)*
5. Il espère la revoir. *(... sie nicht wiederzusehen)*
6. J'ai 10 euros sur moi. *(nur)*
7. Il a lu un livre intéressant. *(kein einziges)*
8. Tout le monde me comprend. *(niemand)*
9. Si tu le revois *(jemals)*, il faut t'excuser.
10. Elle revient le matin. *(erst)*
11. Il taquine son frère. *(... er ärgert nur, tut nichts anderes als ...)*
12. Il y voit une difficulté. *(gar keine)*
13. Il me conseille d'attendre. *(nicht zu warten)*
14. Elle connaît tout le monde ici. *(niemanden)*
15. Il achète toujours quelque chose. *(nie etwas)*
16. Chaque femme l'intéresse. Chaque femme lui plaît. *(überhaupt keine)*
17. Il a des lettres à écrire et des devoirs à faire. *(weder ... noch)*
18. Qu'est-ce qui se passe dans ton village? .... se passe dans ce trou. *(nichts)*
19. Je raconte *(nur)* ce qu'elle m'a dit.
20. Un médecin peut t'aider. *(nur)*
21. Tout le monde est venu la voir. *(überhaupt keiner; niemand)*
22. Nous avons entendu du bruit. *(keinen)*
23. Quelqu'un l'a invitée. *(niemand)*
24. Tu trouves toujours quelque chose. *(nie etwas)*
25. Elle parle français et anglais. *(nicht nur... sondern auch; weder... noch)*
26. Il avait quelque chose à me dire. *(absolut nichts)*
27. Elle sort avec quelqu'un. *(nie mit jemandem)*
28. Elle boit de la bière et du vin. *(weder ... noch)*
29. Elle voit quelqu'un. *(niemanden mehr)*
30. Nous avons faim. *(noch keinen)*
31. Il a fait ses devoirs. *(noch immer nicht; noch nicht)*
32. Il se plaint. *(nur)*
33. Elle va manger. *(nichts)*
34. J'ai une sœur et un frère. *(weder ... noch)*
35. Elle a envie *(überhaupt keine)* de travailler ce soir.
36. Pierre et ses amis sont arrivés. *(weder ... noch)*
37. Si tu le revois *(jemals)*, donne-lui le bonjour de ma part.
38. Chaque élève a réussi à l'examen. *(gar kein)*
39. Il a du talent. *(überhaupt kein)*

TRADUIS

1. Sie isst nicht und schläft nicht.
2. Ich sage es, ohne jemanden beleidigen zu wollen.
3. Sie hat den ganzen Abend nur getanzt.
4. Falls du sie jemals triffst, zeige ihr das Photo.
5. Wir sehen darin kein Problem.
6. Sie hat mir geraten, das Auto nicht zu nehmen.
7. Man kann nichts machen, sie will niemanden sehen.
8. Sie findet ihr Auto nirgends.
9. Nicht nur Herr Ledoux sondern auch Frau Legrand haben gewonnen.
10. Weder der eine noch der andere ist gekommen.
11. Du machst nie etwas.
12. Er wollte überhaupt nicht mit ihr sprechen.
13. Er hat gelogen, um keine Probleme zu haben.
14. Niemand hat Sandwichs genommen.
15. Wir haben noch keinen Durst.
16. Sie hat noch immer keinen Hunger.
17. Wir haben nur ein bisschen gesungen.
18. Er hat gar keine Schwierigkeit.
19. Es gibt überhaupt keinen Zweifel, dass es Peter ist, der angerufen hat.
20. Ich mag weder Hamburger noch Hot Dogs.
21. Sie hat weder geweint noch gelacht.
22. Weder Paul noch Anton haben unsere Fragen beantwortet.
23. Mutti hat weder ja noch nein gesagt.
24. Er hat versprochen, nicht nach zehn nach Hause zu kommen.
25. Unglücklicherweise macht sie keinen Fortschritt.
26. Er hat Maria weggehen lassen, ohne etwas zu tun.
27. Er ist hereingekommen, ohne jemanden gegrüßt zu haben.
28. Ich habe keine Neuigkeit für dich.
29. Er sieht niemandem ähnlich.
30. Was trinkst du? – Ich trinke nichts mehr. Ich habe keinen Durst mehr. Ich habe nur Hunger.
31. Wer hat dich gestern besucht? – Niemand.
32. Was habt ihr hier gemacht? – Nichts.
33. Von wem sprecht ihr? – Von niemandem.
34. Worüber sprecht ihr? – Über nichts Wichtiges.
35. Nichts interessiert sie.
36. Nur Comics interessieren ihn.
37. Ich kaufe nur Bier, Wein und Mineralwasser.
38. Sie ist nicht nur sehr charmant sondern auch sehr hilfsbereit.
39. Weder darf sie, noch kann sie, noch will sie mit Peter ausgehen.
40. Du hast dich überhaupt nicht verändert.

L'USAGE DE L'IMPARFAIT
Der Gebrauch des imparfait

Voir d'abord ☺ **III** p 91.
Das **imparfait** wird verwendet:

1. Für **wiederholte**, **regelmäßig wiederkehrende**, **gewohnheitsmäßige** Handlungen in der Vergangenheit.

Exemples:

Pendant nos vacances nous **nagions** *toujours* dans la mer.
Elle me **rendait** visite *tous les lundis*.

2. Für **gleichzeitig nebeneinander** verlaufende Handlungen in der Vergangenheit.

Exemples:

Maman **lisait** le journal, papa **écoutait** la radio et nous, les enfants, nous **jouions** aux cartes.
Elle **dormait** *pendant que* son fils **faisait** les courses.

3. Für **nicht abgeschlossene, unbegrenzte** Handlungen in der Vergangenheit.

Exemples:

Il **pleuvait** *sans cesse. (unaufhörlich)*
Nous **attendions** *pendant des heures. (stundenlang)*

4. Für **Beschreibungen von Zuständen, Situationen, Eigenschaften, Empfindungen, Personen, Landschaften, äußeren Umständen, des Wetters, für Rahmenhandlungen, Einleitungen zu Erzählungen und Erklärungen** in der Vergangenheit.

Exemples:

Monsieur Gabin **était** un homme *qui* **aimait** beaucoup la musique classique.
Tout le monde **était** là.
Il **portait** un pull gris et un pantalon noir.

5. Für Handlungen in der Vergangenheit, die noch **andauern**, während eine zweite (plötzlich) neu einsetzt.

Exemples:

Je **regardais** des photos quand tout à coup ma mère est entrée.
Il **écoutait** des CD quand quelqu'un a sonné à la porte.

6. Im **modernen** Französisch für **sehr lebhafte Schilderungen und Erzählungen** in der Vergangenheit, mit **genauer Zeitangabe,** auch wenn die Handlungen abgeschlossen sind.

Exemples:

En même temps il **entrait**, **courait** vers elle et **l'embrassait**.
Une semaine plus tard il **s'excusait** et lui **apportait** un bouquet de fleurs.

7. Um **Vorschläge** zu machen.

Exemples:

(Et) si on **allait** au restaurant chinois?
(Et) si tu **prenais** le métro?

Das *imparfait* beantwortet die Frage:
WAS WAR SCHON DAMALS?

Signalwörter:

avoir l'habitude	*die Gewohnheit haben*
d'habitude	*für gewöhnlich*
encore	*noch (immer)*
être en train de faire qc.	*gerade dabei sein etwas zu tun*
pendant que	*während*
pendant des heures	*stundenlang*
pendant ma jeunesse	*während meiner Jugend*
toujours	*immer*
toute la journée	*den ganzen Tag*
toute la soirée	*den ganzen Abend*
toute la semaine	*die ganze Woche*
tout le temps	*die ganze Zeit*
tous les dimanches	*sonntags, jeden Sonntag*
le dimanche	*sonntags*
souvent	*oft*
quelquefois	*manchmal*
quand *	*immer wenn*
lorsque *	*immer wenn*
quand j'étais jeune	*als ich jung war*
de mon temps	*zu meiner Zeit*
de temps en temps	*von Zeit zu Zeit*
depuis longtemps	*seit langem*
déjà	*schon*
chaque fois que	*jedes Mal wenn*
chaque jour	*jeden Tag*
rarement	*selten*
et si	*und falls*
autrefois	*einst, früher*
sans cesse	*unaufhörlich*
moins ... moins	*je weniger ... desto weniger*
plus ... plus	*je mehr ... desto mehr*
Il était une fois une fille ...	*Es war einmal ...*

* voir aussi p 14

L'USAGE DU PASSÉ COMPOSÉ
Der Gebrauch des Perfekts

Das **passé composé** wird verwendet:

1. Für **hintereinander ablaufende, abgeschlossene, zeitlich begrenzte** Handlungen und Handlungsketten in der Vergangenheit.

Exemples:

D'abord il **a aidé** sa mère, *ensuite* il **a nettoyé** sa bicyclette et *puis* il **a dessiné** un peu.
Il **a ouvert** la porte, **est entré** et **s'est assis**.
Il **a travaillé** *de 8h à midi.*

2. Für **abgeschlossene, zahlenmäßig begrenzte Wiederholungen** in der Vergangenheit.

Exemples:

Elle **a crié** *deux fois.*
Il lui **a posé** la même question *trois fois.*

3. Für **neu einsetzende** Handlungen in der Vergangenheit und Handlungen, die eine andere Handlung oder einen Vorgang (plötzlich) **unterbrechen**.

Exemples:

J'étais en train de lire un livre, *quand* ma mère **est entrée**.
Nous dormions *quand tout à coup* le téléphone **a sonné**.

Das *passé composé* beantwortet die Frage:
WAS GESCHAH DANN?

Signalwörter:

tout à coup	*plötzlich*
soudain	*plötzlich*
alors	*damals*
et alors	*und dann*
d'abord	*zuerst*
ensuite	*dann*
(et) puis	*und dann*
enfin	*schließlich, endlich*
finalement	*schließlich, letzten Endes*
quand *	*als*
lorsque *	*als*
ce matin	*heute morgen* (als neueinsetzende Handlung)
ce jour-là	*an diesem / jenem Tag* (neue Handlung)
un beau jour	*eines schönen Tages*
à ce moment	*in diesem Augenblick*
à midi	*zu Mittag*
à 8 heures du matin	*um 8h Früh*
de 8 heures à cinq heures	*von 8h bis 5h*
vers (deux heures)	*gegen (2h)*
à ces mots	*mit / bei diesen Worten*
au moment où	*zu dem Zeitpunkt als*
à partir du moment où	*von dem Moment an als*
aussitôt que	*sobald als*
(deux ans) de suite	*(2 Jahre) hintereinander*
(mais) une fois	*(aber) einmal*
un jour	*eines Tages*
tout de suite	*sofort*
là-dessus	*daraufhin*
(quelques minutes) après	*nach (einigen Minuten)*
(une heure) plus tard	*(eine Stunde) später*
au bout de (quelques heures)	*nach (einigen Stunden)*
au bout de (trois jours)	*nach Ablauf von (drei Tagen)*
à la fin	*schließlich, zum Schluss*
de nouveau	*von neuem*

* voir aussi p 12

Vergleiche:

Imparfait	Passé composé
WAS WAR SCHON?	WAS GESCHAH DANN?
Quand / lorsque je **rentrais,** il **faisait *déjà*** nuit. ***Jedesmal wenn*** *ich nach Hause kam ...*	***Quand / lorsque*** je **suis rentré,** le téléphone **a commencé** à sonner. ***Als*** *ich nach Hause gekommen bin ...*
J'**avais** peur. *Ich **hatte** Angst.*	J'**ai eu** peur. *Ich **bekam** Angst.*
Je le **savais** depuis longtemps. *Ich **wusste** es seit langem.*	Je l'**ai su** plus tard. *Ich **erfuhr** es später.*
Je la **connaissais**. *Ich **kannte** sie.*	Je l'**ai connue**. *Ich **lernte** sie **kennen**.*
Je **voyais** les livres par terre. *Ich **sah** die Bücher am Boden.*	J'**ai vu** mes amies. *Ich **erblickte** meine Freundinnen.*
Je me **taisais**. *Ich **schwieg**.*	Là-dessus je me **suis tu(e).** *Daraufhin **verstummte** ich.*
J'**étais** malade. *Ich **war** krank.*	Je **suis tombé(e)** malade. *Ich **wurde** krank.*
Elle **mourait**. *Sie **lag im Sterben**.*	À ces mots elle **est morte**. *Mit diesen Worten **ist** sie **gestorben**.*
Ce jour-là il **faisait** très froid. *An diesem Tag **war** es sehr kalt.*	Ce jour-là il **est arrivé**. *An diesem Tag **ist** er **gekommen**.*

IMPARFAIT OU PASSÉ COMPOSÉ

Le samedi soir nous .... (être) tous à la maison. Dehors il .... (pleuvoir) et il .... (faire) très froid, mais chez nous c' .... (être) très confortable.
Maman .... (lire) le journal, papa .... (regarder) les nouvelles à la télé, Pierre et moi .... (faire) la vaisselle dans la cuisine, grand-mère, qui nous .... (rendre) visite très souvent, ... (tricoter), et Gérard .... (jouer) au train électrique. Il .... (être) presque huit heures quand tout à coup le téléphone .... (sonner).
C' .... (être) mon oncle d'Autriche qui .... (annoncer) sa visite.
Alors nous .... (vite préparer) la chambre d'ami.
D'abord Pierre .... (passer) l'aspirateur, ensuite il .... (nettoyer) le lavabo et puis il .... (épousseter) les meubles. Maman .... (se mettre) à préparer un petit goûter pour son beau-frère et après je l' .... (aider) à faire le lit.
À neuf heures papa .... (aller) à la gare chercher son frère et je l' .... (accompagner).
Oncle Marc .... (être) un homme grand, sportif, beau comme un dieu, aux yeux marrons et aux tempes grisonnantes. Le long de son visage basané il .... (avoir) des boucles de couleur foncée. Il .... (ressembler) à un méridional, parce qu'il .... (parler) toujours avec ses mains et ses bras, et toujours quand il nous .... (rendre) visite, maman .... (mettre) en sécurité tous les verres qui .... (se trouver) sur la table.
Et son sourire! Des dents comme des perles .... (briller) entre ses lèvres et son rire .... (être) toujours contagieux.
Tout le monde l' .... (aimer), surtout les femmes!
Il les .... (enchanter).
Mais ce jour-là il .... (ne pas descendre) du train seul, non, une blonde l'................................ (suivre). Elle .... (porter) une jupe courte à carreaux rouges et noirs et un pull noir qui .... (révéler) une silhouette de mannequin. Ses cheveux blonds, mi-longs .... (être) coiffés d'une manière coquine et chic.
Comme il .... (faire) froid, elle .... (mettre) son manteau qui .... (ressembler) à un poncho mexicain et elle .... (marcher) gracilement près de mon oncle.

.... (je / penser) ‹‹Quelle femme!››, et je .... (devenir) tout rouge.
Oncle Marc nous .... (embrasser) cordialement et il nous .... (présenter) Régine. On l' .... (embrasser), elle aussi. Elle .... (sentir) divinement bon.
Ensuite .... (je / prendre) la valise de Régine et on .... (monter) dans la voiture.
À la maison on .... (se mettre) à table et oncle Marc .... (raconter) des histoires de son travail et comment il .... (faire) la connaissance de Régine.
Ils .... (être) vraiment un couple de rêve et de temps en temps oncle Marc .... (toucher) la main de son amie avec une tendresse chaleureuse.
La soirée .... (vite passer). Les conversations .... (être) intéressantes et après minuit on .... (aller) se coucher.

À traduire:

1. Er bekam Hunger.
2. Frau Legrand lag im Sterben.
3. Manchmal sahen wir ihn dort.
4. Sie hatte selten Angst.
5. Wir erfuhren es in diesem Sommer.
6. Und wenn wir unsere Ferien in Paris verbrächten?
7. Die Kinder hatten Durst.
8. Er lernte sie in Wien kennen.
9. Er kannte sie seit langem.
10. Plötzlich verstummte sie.
11. Ich wurde krank.
12. Er war sehr krank.

Justifiez l'emploi de *l'imparfait* et du *passé composé* et trouvez les règles:

1. Marie pleurait pendant que sa sœur essayait de l'aider.
2. Il prenait toujours le bus pour aller au bureau.
3. Pierre a pris du gâteau quatre fois. C'était très impoli.
4. Le matin on la voyait souvent au café.
5. À ce moment elle est partie.
6. J'étais en train de m'habiller, quand ma voisine a sonné à la porte.
7. Elle a passé ses vacances en Grèce cinq ans de suite.
8. Grand-mère est allée chercher ses meilleures recettes et puis elle me les a dictées.
9. Il neigeait encore.
10. Et si on rendait visite à Thérèse?
11. J'ai eu froid.
12. J'avais froid.
13. Nous l'avons su pendant les vacances.
14. Quand il parlait de sa jeunesse, nous nous taisions.
15. Quand il a parlé de sa jeunesse, nous nous sommes tus.

IMPARFAIT OU PASSÉ COMPOSÉ

1. Papa .... (attendre) à la gare,
   où il y .... (avoir) beaucoup de touristes.
2. Quand le prof .... (entrer), les enfants .... (le saluer).
3. Papa .... (faire) le ménage, quand maman
   .... (rentrer) du bureau.
4. Fernand .... (être) en train d'écrire une lettre, quand
   son petit frère .... (entrer) dans sa chambre.
5. Mon oncle .... (venir) vers huit heures.
   On .... (être) heureux. Il nous ....
   (apporter) toujours des cadeaux.
6. Hier à midi toute la famille .... (se mettre) à table.
   Le dîner .... (être) délicieux.
7. Ensuite je .... (entrer) dans le magasin où il y
   .... (avoir) beaucoup de clients.
8. Chaque fois que le prof .... (entrer), les enfants
   .... (le saluer).
9. Madame Lachapelle .... (être) petite et grosse.
   Elle .... (porter) une robe rouge et trop courte.
   Elle .... (avoir) un sac en plastique à la main.
10. Hier Pierre et moi .... (prendre) deux limonades au
    café du coin. Gérard .... (être) déjà là.
    Il nous .... (attendre) déjà depuis une heure.
11. Tous les hivers nous .... (passer) nos vacances en Autriche.
    C' .... (être) très reposant.
    Nous .... (dormir) beaucoup.
    Nous .... (se lever) très tard le matin et nous
    .... (prendre) de copieux petits déjeuners.
    Nous .... (faire) beaucoup de promenades et nous
    .... (lire) des tas de livres.
12. Quand j'...................... (être) jeune, nous .... (vivre) à Linz.
13. Quand il .... (être) jeune, il y .... (avoir)
    seulement une petite rue.
14. Nous .... (être) dans la salle de séjour.
    Il .... (être) déjà tard et il .... (pleuvoir)
    sans cesse. Tout à coup quelqu'un .... (frapper) à la
    fenêtre. Pierre .... (me regarder) et il ....
    (me dire): « C'est peut-être quelqu'un qui est en panne. »
15. Chaque jour Marie .... (traverser) la rue Chandelle.
    Elle .... (devoir) toujours se dépêcher, parce qu'elle
    .... (être) souvent en retard.
16. Elle .... (vivre) en France de 2000 à 2002.

17. D'habitude Fernand .... (ne pas fumer).
Mais un jour il .... (prendre) une cigarette. Ensuite il .... (l'allumer) et puis il .... (commencer) à tousser comme un fou.
18. Autrefois tout le monde dans ce village .... (connaître) Monsieur Breton.
19. Monique .... (être) dans sa chambre.
Elle .... (être) malheureuse et .... (pleurer).
20. Pendant les vacances nous .... (ne pas se lever) avant dix heures du matin.
21. À la maison il y .... (avoir) toujours quelqu'un qui .... (me déranger) quand je .... (vouloir) travailler.
22. Pendant que le petit Luc .... (dormir) elle .... (se reposer) sur la terrasse et .... (lire).
23. .... (Je / être) en train de faire ma valise quand Fabienne .... (entrer) dans ma chambre.
24. Écoute! Lucien .... (s'approcher), ... (la prendre) dans ses bras et .... (l'embrasser).
25. Pierre .... (entrer) et .... (prendre) le livre qui .... (se trouver) sur la table.
26. Quand le chef .... (entrer), tout le monde .... (se lever) et .... (le saluer).
27. Pilou .... (taquiner) sa petite sœur qui .... (pleurer).
28. On .... (connaître) Michelle plus tard.
29. Tout le monde .... (savoir) que Pierre .... (avoir) deux amies, mais Fabienne .... (le savoir) trop tard.
30. Cette nuit-là il .... (commencer) à neiger.
31. Plus il .... (la connaître), plus il .... (l'aimer).
32. Robert .... (embrasser) son amie qui .... (pleurer).
33. Il .... (courir) sans cesse.
34. Tous les étés nous .... (passer) nos vacances en Grèce.
35. Quatre ans de suite ils .... (passer) leurs vacances en France.
36. Monsieur Colombo .... (porter) son manteau beige été comme hiver.
37. Aujourd'hui je .... (se lever) à six heures.
38. Après son voyage il .... (dormir) un jour et une nuit.
39. Quand maman .... (partir) en ville,
Philippe .... (dormir) encore.
40. Madame Bibaut .... (téléphoner) vers deux heures.
41. Soudain il .... (trouver) la solution.

42. D'abord ils .... (se sourire) et ensuite ils .... (se donner) la main. Là-dessus il lui .... (demander) son nom.
43. Nous .... (se parler) pendant trois heures. C' .... (être) très intéressant.
44. Pendant qu'Alain .... (se reposer), Marie .... (lire) son journal intime.
45. Hier, ... (je / dormir) de deux à trois heures de l'après-midi.
46. Dans le magasin il y .... (avoir) déjà beaucoup de monde.
47. Papa .... (sortir) vers huit heures du soir.
48. Je .... (regarder) un film avec Tom Hanks au moment où Henri .... (arriver).
49. Quand il .... (la connaître), elle .... (travailler) à Paris comme fille au pair.
50. Il y .... (avoir) du vent et je .... (ne pas avoir) envie de sortir. Alors .... (je / décider) de rester à la maison.
51. Il .... (tomber) quatre fois.
52. Enfin elle .... (se mettre) à chanter et elle .... (répéter) la même chanson sans cesse.
53. La guerre .... (durer) sept ans.
54. Tout le monde .... (savoir) cela depuis des années.
55. Chaque jour il .... (prendre) son petit déjeuner au bureau.
56. Le gangster .... (tirer) deux fois.
57. Et si on .... (changer) de voiture?
58. Il .... (faire) très chaud et on .... (avoir) très soif.
59. Nous .... (aller) souvent à Paris.
60. Il .... (pleurer), quand sa mère .... (entrer).
61. Enfin son petit cousin .... (pleurer).
62. Ils .... (faire) du patin tous les hivers.
63. Ce jour-là il .... (commencer) à pleuvoir.
64. Quand il .... (être) en France, on .... (s'écrire) souvent.
65. Les dimanches ils .... (faire) des balades à vélo.
66. Quand les enfants .... (être) plus jeunes, ils .... (passer) leurs vacances avec leurs parents.
67. Autrefois nous .... (aimer) les longues promenades.
68. L'homme ivre .... (tomber) trois fois.
69. Pendant qu'il .... (jouer) de la trompette, Marie l' .... (écouter) attentivement.
70. Pendant le film elle .... (rire) sans cesse.
71. Et si on .... (faire) une balade ensemble?
72. Où est-ce que tu .... (connaître) ta femme?
73. Elle nous.. (rendre) visite de temps en temps.

L'ACCORD DE L'ADJECTIF
Übereinstimmung des Adjektivs

Voir d'abord ☺ **I** p 51-54, ☺ **II** p 39-44.

Übereinstimmung erfolgt auch nach Wörtern wie:

trouver *(finden)*	**sembler** *(scheinen)*	**se sentir** *(sich fühlen)*
paraître *(erscheinen)*	**croire** *(glauben)*	**faire** *('wirken')*
tenir pour *(halten für)*	**s'estimer** *(sich halten für)*	**devenir** *(werden)*
regarder comme *(ansehen als)*	**se montrer** *(sich erweisen)*	**rester** *(bleiben)*
passer pour *(gelten als)*	**demeurer** *(bleiben)*	**rendre** *(machen)*

considérer comme *(ansehen als)* und meist nach **avoir l'air** *(aussehen wie/als ob)*

Exemples:

Je **trouve** la robe trop courte.	*Ich finde, dass das Kleid zu kurz ist.*
Barbara **a l'air** contente.	*Barbara sieht glücklich aus.*
Elle **semble** fatiguée.	*Sie scheint müde.*
Notre ville **paraît** morte le week-end.	*Unsere Stadt erscheint am Wochenende wie ausgestorben.*
Nicole et Anne **s'estiment** heureuses.	*Nicole und Anne halten sich für glücklich.*
Ce film **a rendu** cette région fameuse.	*Dieser Film hat diese Region berühmt gemacht.*
Nous **croyons** cette situation dangereuse.	*Wir glauben, dass diese Situation gefährlich ist.*
Cette situation **se montrait** trop dangereuse.	*Diese Situation erwies sich als zu gefährlich.*
Elle **passe pour** bavarde.	*Sie gilt als geschwätzig.*
Je la **considère comme** impolie.	*Ich betrachte sie als unhöflich.*
Tu me **tiens pour** trop grosse?	*Hältst du mich für zu dick?*
Elle **fait** plus **vieille** que moi.	*Sie wirkt älter als ich.*

Achtung: Ausdrücke wie

sentir bon	*gut riechen*
peser lourd	*schwer wiegen*
croire ferme	*fest glauben*
coûter cher	*teuer sein*
acheter cher	*teuer kaufen*
travailler dur ...	*hart arbeiten*

(voir aussi ☺ **III** p 80/81/Achtung 1)

sind **fixe Wendungen** und somit **unveränderlich**!

FAIS L'ACCORD SI NÉCESSAIRE

1. Nous trouvons les films de Spielberg très .... (excitant).
2. Monique passe pour très .... (coquet).
3. Il ne faut pas risquer .... (gros), Nathalie!
4. Claire et Florence font plus .... (jeune) que leurs amies.
5. Elle trouve ses idées .... (merveilleux).
6. Leur tante a l'air .... (gentil).
7. Vous semblez .... (inquiet), Anne et Sophie.
8. Ils ont acheté leur maison trop .... (cher).
9. Elle s'estime très .... (malheureux).
10. Fabienne a refusé .... (net).
11. Votre voisine a l'air .... (charmant).
12. Cette mélodie sonne .... (faux).
13. Nous tenons son histoire pour .... (certain).
14. La vieille autoroute est devenue .... (mauvais).
15. Les filles ont deviné .... (juste).
16. Vos amies ont l'air .... (aimable).
17. Je trouve Sophie et sa sœur vraiment .... (beau).
18. Elles se trouvent .... (beau).
19. S'il te plaît, parle plus .... (bas), Claudine.
20. Ils ont travaillé .... (dur).
21. Les garçons ont l'air .... (fatigué) aujourd'hui.
22. Elle va voir .... (clair) un jour.
23. Sa grand-mère se sent .... (malheureux) et .... (seul).
24. Cette robe coûtait beaucoup trop .... (cher).
25. Ils se sont rendus .... (ridicule).
26. Tiens-toi .... (droit), Sylvie.
27. La nouvelle s'est révélée .... (faux).
28. Elle veut rester .... (seul).
29. Demeurez .... (calme).
30. Nicole chante .... (faux).
31. Elles croient .... (ferme) qu'il viendra.
32. Les roses sentent .... (bon).
33. Nous considérons cette situation comme .... (dangereux).
34. Cette valise pèse .... (lourd).
35. Je la tiens pour .... (faux).
36. Monique a gagné .... (gros) pendant les vacances.
37. Je la trouve trop .... (court), ta robe verte.
38. Vous pouvez partir .... (tranquille).
39. Ne parlez pas si .... (haut), les enfants.

LA COMPARAISON DE L'ADVERBE
Steigerung des Adverbs

Voir d'abord ☺ **III** p 80.

1. **regelmäßige** Steigerung

Elle chante	**aussi**	doucement	**que** sa mère.	*genauso ... wie*
Il fait ses devoirs	**aussi**	sérieusement	**que** sa sœur.	*genauso ... wie*
Elle ne chante pas	**si / aussi**	doucement	**que** toi	*nicht so ... wie*
Il travaille	**aussi**	mal	**que** Pierre.	*genauso ... wie*
Elle chante	**plus**	doucement	**que** Marie.	*sanfter*
Il parle français	**plus**	couramment	**que** sa mère.	*fließender*
Luc chante	**plus**	mal	**qu'**Anne.	*schlechter*
Elle chante	**moins**	doucement	**que** Claire.	*weniger sanft*
Marc court	**moins**	rapidement	**que** moi.	*weniger schnell*
Anne écrit	**moins**	mal	**que** Pilou.	*weniger schlecht*
Elle chante	**le plus**	doucement.	*(Unveränderlich!)*	*am sanftesten*
Marie parle	**le plus**	vite.	*(Unveränderlich!)*	*am schnellsten*
Sylvie danse	**le plus**	mal.	*(Unveränderlich!)*	*am schlechtesten*
Elle chante	**le moins**	doucement.	*(Unveränderlich!)*	*am wenigsten sanft*

2. **unregelmäßige** Steigerung:

bien	**mieux**	**le mieux**	*gut - besser - am besten*
bien	**moins bien**	**le moins bien**	*gut - schlechter - am schlechtesten*
mal	**pis**	**le pis**	*schlimm - schlimmer - am schlimmsten* (*voir aussi* ☺ **III** p 76 Merke 3)
mal	**plus mal**	**le plus mal**	*schlecht - schlechter - am schlechtesten*
peu	**moins**	**le moins**	*wenig - weniger - am wenigsten*
beaucoup	**plus**	**le plus**	*viel - mehr - am meisten*

Exemples:

Elle chante **aussi bien que** son frère.	*genauso gut wie*
Je dors **mieux** dans mon nouveau lit.	*besser*
Elle dessine **moins bien que** toi.	*weniger gut als = schlechter*
Nicole joue de la guitare **le mieux / le moins bien**.	*am besten / am schlechtesten*

LA COMPARAISON DE L'ADVERBE

1. Elle travaille .... (schneller als) son frère.
2. Nadine fait ses devoirs .... (am leichtesten).
3. Il parle anglais .... (fließender als) son père.
4. Elle explique .... (weniger präzise als) notre ancien prof.
5. Il sait lire .... (am schnellsten) de tous.
6. J'ai vu Claire .... (seltener als) Monique.
7. C'est la photo que j'aime .... (am meisten).
8. S'il te plaît, parle .... (langsamer).
9. Il faut penser .... (länger) à ce problème.
10. Attendez .... (ruhiger)!
11. Elle joue au ping-pong .... (besser als) moi, mais Nicole joue .... (am besten).
12. Il conduit .... (schlechter als) sa femme.
13. Elle écrit .... (genauso richtig wie) Anne.
14. Il a préparé ses examens .... (am sorgfältigsten).
15. J'aime .... (sehr) la bière, mais je préfère le vin.
16. Travaillez .... (genauer)!
17. Elle chante .... (schlechter als) moi.
18. Il m'a parlé .... (am nettesten) possible.
19. Il faut saluer .... (höflicher), Pierre!
20. Pierre est un ami que je consulte .... (am öftesten).
21. Il aime .... (lieber) rester dans sa chambre.
22. On peut .... (sehr gut) le comprendre. Il parle .... (am langsamsten).
23. Thomas nage .... (am besten) de sa classe.
24. Les films policiers, je les aime .... (am wenigsten).
25. Je dors .... (tiefer) dans mon nouveau lit.
26. Il faut écouter .... (aufmerksamer).
27. Elle dessine .... (genauso gut wie) moi.
28. Ma tante prend l'avion .... (am seltensten).
29. Vous avez travaillé .... (korrekter als) la dernière fois.
30. Elle a raconté l'histoire .... (am schlechtesten).
31. Il sait faire la cuisine .... (genauso gut wie) sa femme.
32. Elle joue de la flûte .... (am besten).
33. Notre situation va de mal en .... (schlimmer).
34. Je joue au tennis .... (am schlechtesten).
35. Tu vas apprendre .... (leichter) les mots si tu les écris d'abord.

AVOIR OU ÊTRE

Voir d'abord ☺ **I** p 86/87.

1. Manche Verben, die im **passé composé** mit **être** gebildet werden, **ändern ihre Bedeutung**, wenn sie ein **Objekt** nach sich haben. Sie werden dann mit **avoir** gebildet.

(re)descendre
(re)monter
(r)entrer
sortir
passer

Vergleiche:

être	**avoir**
Je **suis** descendu(e) dans la rue. *Ich bin auf die Straße hinuntergegangen.*	Nous **avons** descendu la rue. *Wir sind die Straße hinuntergegangen.*
Elle **est** descendue à Vienne. *Sie ist in Wien ausgestiegen.*	J'**ai** descendu mon manteau du grenier. *Ich habe meinen Mantel vom Dachboden heruntergeholt.*
Il **est** descendu dans la cour. *Er ist auf den Hof hinuntergegangen.*	
Elle **est** montée sur le clocher. *Sie ist auf den Kirchturm gestiegen.*	Nous **avons** monté la rue. *Wir sind die Straße hinaufgegangen.*
Il **est** monté dans la voiture. *Er ist ins Auto eingestiegen.*	Elle **a** monté le manteau au grenier. *Sie hat den Mantel auf den Dachboden getragen.*
	Les prix **ont** beaucoup monté.*(angestiegen)*
Elle **est** sortie Gare du Nord. *Sie ist am Gare du Nord ausgestiegen.*	Nous **avons** sorti les vélos du garage. *Wir haben die Fahrräder aus der Garage geholt.*
Nous **sommes** sortis vers huit heures. *Wir sind gegen acht Uhr fortgegangen.*	Elle **a** sorti un mouchoir de sa poche. *Sie hat ein Taschentuch aus ihrer Tasche geholt.*
Elle **est** passée chez son ami. *Sie ist bei ihrem Freund vorbeigekommen.*	Il **a** passé ses vacances à Paris. *Er hat seine Ferien in Paris verbracht.*
Il **est** rentré à la maison. *Er ist nach Hause zurückgekehrt.*	Papa **a** rentré la voiture dans le garage. *Papa hat das Auto in die Garage gefahren.*

2. Manche Verben **verändern nur ihre Bedeutung**, je nachdem ob sie mit **avoir** oder **être** gebildet werden. Sie besitzen kein Objekt.

convenir
passer
disparaître

Vergleiche:

être	**avoir**
Nous **sommes** convenus de l'aider. (literarisch) *Wir sind übereingekommen ihm zu helfen.*	Nous **avons** convenu de l'aider. (Umgangssprache)
	L'hôtel nous **a** convenu. *Das Hotel hat uns zugesagt / gefallen.*
	La couleur **a** passé. *Die Farbe ist verblasst.*
Je **suis** passé chez mon ami. *Ich bin bei meinem Freund vorbeigekommen.*	Les vacances **ont** passé trop vite. *Die Ferien sind zu schnell vergangen.*
Elle **est** disparue. *Sie ist verstorben.*	Elle **a** disparu. *Sie ist verschwunden.*

3. Manche Verben können **ohne Bedeutungsunterschied** mit **avoir** oder **être** gebildet werden.

accourir
apparaître
paraître

Elle **est** accourue.
Elle **a** accouru.
Sie ist herbeigelaufen.

Elle **est** apparue.
Elle **a** apparu.
Sie ist erschienen / aufgetaucht.

Elle **est** parue au balcon.
Elle **a** paru au balcon.
Sie ist auf dem Balkon erschienen.

4. Manche Verben werden mit **avoir** gebildet, wenn man die **Handlung** betonen möchte, oder mit **être**, wenn dem Sprecher der **Zustand** wichtiger erscheint. (Merke: **a**voir – H**a**ndlung, ê**t**re – Zus**t**and)

changer	*ändern, wechseln*
déménager	*ausziehen*
divorcer	*scheiden*
émigrer	*auswandern*
emménager	*einziehen*
passer	*vergehen*
réussir	*gelingen, Erfolg haben*
vieillir	*altern*

Vergleiche:

Papa **a** changé la roue de sa voiture. *hat den Autoreifen gewechselt (Hdlg betont)*
Luc **a** beaucoup changé en dix ans. *hat sich in 10 Jahren sehr verändert (Hdlg)*
Il **est** bien changé aujourd'hui. *Er ist heute sehr verändert. (Zustand betont)*

J'**ai** divorcé. *Ich habe mich scheiden lassen. (Hdlg betont)*

Je **suis** divorcé(e) depuis le mois de mai. *Ich bin seit Mai geschieden. (Zustd betont)*

Les vacances **ont** passé trop vite. *sind zu schnell vergangen (Handlung betont)*
Les vacances **sont** passées maintenant. *sind nun vergangen (Zustand betont)*

Ils **ont** émigré. *Sie sind ausgewandert. (Handlung betont)*
Ils **sont** émigrés. *Sie sind ausgewandert / weg. (Zustand betont)*

Ce film **a** réussi. *Dieser Film hat Erfolg gehabt. (Hdlg betont)*
Son premier livre **est** réussi. *Sein erstes Buch ist ein Erfolg.(Zustand betont)*

Elle **a** beaucoup vieilli. *Sie ist sehr gealtert. (Handlung betont)*
Ce mot **est** vieilli. *Dieses Wort ist veraltet.*

AVOIR OU ÊTRE

1. Il .... (sortir) son argent de sa poche.
2. Elle .... (descendre) à la cave chercher une bouteille de vin.
3. Tu .... (monter) les livres dans ta chambre, Claire?
4. Sylvie .... (passer) chez sa grand-mère.
5. Papa .... (sortir) la voiture du garage.
6. Où est mon manteau et mon pantalon? – Je les .... (monter) au grenier.
7. Fabienne .... (rentrer) à la maison après minuit.
8. À Paris nous .... (monter) à la tour Eiffel.
9. Elle .... (descendre) du bus rue de la Reine Blanche.
10. Ils .... (passer) la frontière.
11. Ils .... (monter) dans le bus.
12. Monique .... (sortir) avec Pierre hier soir.
13. Anne .... (remonter) dans sa chambre parce qu'elle avait oublié ses clés.
14. Nous .... (rentrer) en voiture.
15. Elle .... (beaucoup changer) ces dernières années.
16. Elle .... (sortir) un paquet de cigarettes de son sac.
17. Maman .... (descendre) les pommes de terre à la cave.
18. Ils .... (remonter) les Champs-Élysées.
19. Les Legrand .... (passer) leurs vacances en Grèce.
20. Tu .... (monter) fermer les fenêtres, Claudine?
21. Le voyage .... (passer) trop rapidement.
22. Quand est-ce que vous .... (entrer)?
23. Tu sais que Nicole .... (divorcer) depuis trois mois?
24. Son premier roman .... (paraître) aux éditions Mosse.
25. Thomas était malade. Sa mère lui .... (monter) les repas.
26. Quand est-ce qu'elle .... (retourner) en Suisse?
27. La fille .... (passer) par la cour.
28. Ils .... (descendre) leurs bagages de l'hôtel.
29. Comme .... (je / grossir)!
30. Les Antolin .... (monter) la pente en deux heures.
31. Maman .... (passer) au marché.
32. Les Pulot .... (retourner) en Bretagne.
33. Tu leur .... (déjà monter) des boissons?
34. Tu .... (passer) à la boulangerie?
35. Vous .... (monter) voir Pierre?
36. Quand est-ce que vous .... (rentrer) de vacances?
37. Le déjeuner .... (passer).

38. Maman .... (descendre) chercher les enfants.
39. Les années .... (passer) trop vite.
40. Quand est-ce que vous .... (sortir), François et Luc?
41. Les cambrioleurs .... (passer) par la terrasse.
42. Comme elle .... (vieillir) depuis la mort de son fils!
43. Je .... (ne pas encore réussir) à parler avec M.Gilot.
44. Ils .... (passer) deux semaines au bord de la mer.
45. Je .... (ne pas encore sortir) le chien ce soir.
46. Les enfants .... (accourir) très vite.
47. La couleur de ma robe rouge .... (passer) un peu.
48. Madame Espié .... (paraître) sur la terrasse.
49. Il .... (sortir) sa calculette de son sac.
50. Pilou .... (monter) l'escalier en dix secondes.
51. Il a pris son goûter, après il .... (descendre) la montagne.
52. Comme il faisait beau temps, les paysans .... (rentrer) la récolte.
53. Elle .... (monter) dans sa chambre et s'est enfermée.
54. Ils .... (descendre) l'armoire du grenier.
55. Elle .... (passer) six mois en France.
56. Elle .... (sortir) son parapluie de sa voiture.
57. Maman .... (descendre) toutes les fleurs du jardin à la cave.
58. Les cambrioleurs .... (sortir) tous les objets de valeur.
59. Il .... (descendre) dans la cour.
60. Nicolas .... (rentrer) sa chemise dans son pantalon.
61. Il .... (remonter) au premier étage éteindre la lumière.
62. Elle .... (descendre) l'escalier trop vite, maintenant elle respire difficilement.
63. Le fleuve .... (rentrer) dans son lit.
64. Papa .... (descendre) la montagne en courant.
65. Quand les enfants .... (ne pas revenir) à l'heure, Maman s'est inquiétée.
66. Maman .... (rentrer) du travail très tard ce soir.
67. Comme le temps .... (passer) vite!
68. Le facteur .... (passer) à midi.
69. Les rivières .... (monter) de 50 centimètres.
70. Elle était très malade et .... (beaucoup maigrir).
71. Le prix de l'essence .... (beaucoup monter).
72. Elle .... (monter) dans le métro et elle .... (descendre) Gare du Nord.
73. Nous .... (convenir) de partir en vacances ensemble.
74. Tout à coup elle .... (disparaître).
75. L'hôtel Mayfair nous .... (convenir).
76. Le soir elle .... (passer) chez les Leclerc.
77. Elle .... (sortir) les clés de son sac.

TOUT TOUTE TOUS TOUTES

1. Le déterminant indéfini *der indefinite Begleiter* *ganz, alle, jeder*

Als **Begleiter** wird ***tout*** wie ein Adjektiv **mit dem Nomen übereingestimmt.**

Exemples:

Elle a travaillé **tout<u>e</u>** la journée.	*den ganzen Tag*
Il a lu **tout** un journal.	*eine ganze Zeitung*
Il a invité **tou<u>s</u>** ses copains.	*alle seine Freunde*
Tu écris à **tout<u>es</u>** tes amies?	*allen deinen Freundinnen*
Tout homme doit mourir.	*Jeder Mensch muss sterben.*
Tout élève doit passer des examens.	*jeder Schüler*
Il va au bureau **tou<u>s</u>** les jours.	*jeden Tag, alle Tage*
Elle vient nous voir **tou<u>s</u>** les samedis.	*jeden Samstag*
Chantal connaît **tout<u>es</u>** sortes de gens.	*alle möglichen Leute*
Tout le monde le sait.	*Jeder weiß es. / Alle wissen es.*
Il y a un bus **tout<u>es</u>** les trente minutes.	*alle 30 Minuten*

2. Le pronom indéfini *das Indefinitpronomen* *alles, alle*

Als **Pronomen** steht ***tout / tous / toutes*** <u>ohne</u> Nomen.
Es gibt als Pronomen **nur diese drei** Formen.

Exemples:

Tout est bien qui finit bien.	*Ende gut, alles gut.*
C'est **tout**.	*Das ist alles.*
Tout cela est faux.	*all das*
Mon père a **tout** mangé.	*Mein Vater hat alles gegessen.*
Ma mère a **tout** payé.	*Meine Mutter hat alles bezahlt.*
Elle veut **tout** savoir.	*alles*
... et **tout** et **tout** ...	*und so weiter und so fort*
Il aime les gâteaux? – Oui, il les aime **tous**.	*alle*
Ils sont **tou<u>s</u>** là.	*alle*
Tou<u>s</u> sont là.	*alle*
Bonjour à **tou<u>s</u>**.	*an alle*
Tu as regardé les photos? – Oui, je les ai **tout<u>es</u>** regardées.	*alle*

Il fait **tout** **ce** qu'elle lui dit. *Er macht alles was sie ihm sagt.*
Il a invité **tous** **ceux** qui étaient là pendant les vacances. *alle die*
Tous **ceux** qui ont le temps peuvent venir. *alle die*
Toutes **celles** qui sont venues sont ses amies. *alle die*

> **Achtung:** **vor einem Relativsatz** (qui / que) muss **ce / ceux / celles** auf ***tout / tous / toutes*** folgen.

3. L'adverbe *das Adverb* *ganz, völlig*

> **a)** Als **Adverb** wird ***tout*** nur **vor weiblichem Adjektiv**, das mit einem **Konsonanten** oder ***h aspiré*** beginnt, **übereingestimmt**.

Exemples:

Elle est **toute** contente. *(weiblich + Konsonant)*
Ils ont une **toute** petite maison. *(weiblich + Konsonant)*
Hélène est **toute** fatiguée. *(weiblich + Konsonant)*
Nadine est **toute** seule. *(weiblich + Konsonant)*
C'est une **toute** jeune fille. *(weiblich + Konsonant)*
La voiture est **toute** neuve. *(weiblich + Konsonant)*
Elles sont **toutes** fatiguées. *(weiblich + Konsonant)*
Les filles sont à la maison **toutes** seules. *(weiblich + Konsonant)*
Nathalie est **toute** honteuse. *Nathalie schämt sich sehr.* *(weiblich + h aspiré)*
Elles sont **toutes** honteuses. *(weiblich + h aspiré)*

> **b)** Vor **weiblichem Adjektiv**, das mit **Vokal** oder ***h muet*** *(mit stummem h)* beginnt, bleibt ***tout*** meist **unverändert.**
> *(Manche Schriftsteller stimmen jedoch überein.)*
> Vor **männlichem Adjektiv** bleibt ***tout*** im Sinne von **„*ganz*"** **immer unverändert.**

Exemples:

C'est une **tout**(e) **a**utre affaire	*eine ganz andere Sache*	*(weiblich + Vokal)*
La ville **tout**(e) **e**ntière était là.	*die ganze Stadt*	*(weiblich + Vokal)*
Elle est **tout**(e) **é**tonnée.	*ganz erstaunt*	*(weiblich + Vokal)*
Elle était **tout**(e) **a**larmée.	*ganz aufgeregt*	*(weiblich + Vokal)*
Elles étaient **tout**(es) **h**eureuses.	*ganz glücklich*	*(h muet, stummes h)*
Ils sont **tout** jeunes.	*ganz jung*	*(männlich)*
Ils sont **tout** seuls.	*ganz allein*	*(männlich)*

c) **Unverändert** bleibt ***tout*** auch **vor Adverbien**.

Exemples:

parler **tout** doucement	*ganz sanft sprechen*
parler **tout** bas	*ganz leise sprechen*
tout comme	*genauso wie*
tout droit	*geradeaus*
tout près d'ici	*ganz in der Nähe*

d) **Unverändert** bleibt ***tout*** auch **vor Präpositionen**.

Exemples:

tout au bout	*ganz am Ende*
tout au loin	*ganz in der Ferne*
tout au moins	*zumindest*
tout au plus	*allerhöchstens, im Höchstfall*
tout à côté	*gleich nebenan*
tout à coup	*plötzlich*
tout à fait	*ganz und gar, völlig*
tout à l'heure	*gerade, eben, gleich*
à **tout** à l'heure	*bis gleich*
être **tout** à son travail	*ganz bei der Arbeit sein*
tout au fond du sac	*ganz unten in der Tasche*
tout d'abord	*zu allererst*
tout d'un coup	*mit einem Schlag*
tout de même	*trotzdem*
tout de suite	*sofort, gleich*
tout en haut	*ganz oben*

4. Merke weitere Ausdrücke:

a) *tout* bleibt **unverändert**:

à **tout** âge	*in jedem Alter*
à **tout** point de vue	*in jeder Hinsicht*
à **tout** instant	*jeden Augenblick*
Il est **tout** yeux **tout** oreilles	*Er ist ganz Aug und Ohr.*
Elle est **tout** feu **tout** flamme.	*Sie ist ganz Feuer und Flamme.*
Tout en marchant, il me racontait son histoire.	*Während wir gingen ....*
Tout en étant très riche, elle ne crâne jamais.	*Obwohl sie sehr reich ist, prahlt sie nie.*
en **tout** cas	*auf jeden Fall*
Il a une valise pour **tout** bagage.	*Er hat einen Koffer als ganzes Gepäck.*
Il ne fume pas du **tout**.	*keineswegs, überhaupt nicht*
Elle ne boit plus du **tout**.	*überhaupt nicht mehr*
Je n'ai rien compris du **tout**.	*überhaupt nichts*
Tout Paris, **tout** Vienne	*ganz Paris, ganz Wien*
Il l'aime de **tout** cœur.	*von ganzem Herzen*
en **tout** temps	*zu allen Zeiten*

b) *tout* wird **übereingestimmt**:

à **toute** heure	*zu jeder Stunde*
à **toute** vitesse	*mit Höchstgeschwindigkeit*
Elle a donné pour **toute** réponse: Je l'aime.	*Ihre einzige Antwort war: Ich liebe ihn.*
en **toute** hâte	*in größter Eile, schleunigst*
en **toute** occasion	*bei jeder Gelegenheit*
de **tous** côtés	*von/nach allen Seiten*
de **toute** façon	*auf jeden Fall, sowieso*

5. Beachte den Unterschied:

Ils sont **tous** jeunes.	*alle (Pronomen)*
Ils sont **tout** jeunes.	*ganz (Adverb)*

TOUT TOUTE TOUS TOUTES

1. .... d'abord on va chercher un restaurant.
2. Il y a un train .... les dix minutes.
3. Il nous rend visite .... les dimanches.
4. Essuie .... la table, s'il te plaît.
5. Bonsoir à .... !
6. .... les restaurants sont ouverts aujourd'hui.
7. .... cela n'est pas juste.
8. Il veut inviter .... qui l'ont aidé.
9. Tu as lu ses lettres? – Oui, je les ai lues ....
10. Elle a mangé .... la soupe.
11. Tu as encore du travail? – Non, c'est ....
12. Pierre a regardé la télé .... la soirée.
13. Les élèves ont su répondre à .... mes questions.
14. Tu as vu les films avec Catherine Deneuve? – Oui, je les ai vus ....
15. Il m'a prêté .... ses CD de Montand.
16. .... sa famille est venue pour son anniversaire.
17. Les livres de Sagan te plaisent? – Oui, ils me plaisent ....
18. Paul va l'aimer .... sa vie.
19. Merci pour .... , Nadine.
20. .... est formidable ici!
21. .... nos impressions sont formidables.
22. Nous sommes .... montés à la tour Eiffel.
23. Nous sommes .... montées à la tour Eiffel.
24. Bonne chance à .... !
25. On a .... vu ce film.
26. Les filles sont là? – Oui, elles sont .... dans le jardin.
27. Le bébé a pleuré .... le temps.
28. Madame Lefèvre a travaillé .... la journée.
29. .... les gens étaient très gentils là-bas.
30. .... à coup il a commencé à pleurer.
31. Dépêche-toi! – J'arrive .... de suite.
32. Elle est arrivée .... seule.
33. Ils sont .... arrivés à trois heures.
34. Il a dépensé .... l'argent.
35. On a vu .... le monde.
36. .... la promenade était formidable.
37. .... nos amis sont arrivés à l'heure.
38. .... les portes étaient fermées.
39. Les garçons sont à la maison? – Non, ils sont .... au ciné.
40. Ils sont venus .... les trois.

41. Mon oncle vient me voir .... les trois ans.
42. Ils ont bu .... la nuit.
43. .... les autres ont entendu le bruit.
44. Il lui a apporté le petit-déjeuner .... les matins.
45. .... s'est bien passé. Ils ont visité .... la vallée.
46. Ce n'est pas .... ! Attends!
47. C'est .... ou rien.
48. Et avec ça? – Merci, ce sera ....
49. J'ai pris un peu de ....
50. .... est bien qui finit bien.
51. Il est arrivé le premier de ....
52. Ne parle pas .... le temps.
53. .... la France fête le 14 juillet.
54. Il ne fume pas du ...., pourtant il tousse beaucoup.
55. J'ai fait .... que tu m'as dit.
56. Va toujours .... droit.
57. Il a mangé .... les sandwichs.
58. Il m'a posé des questions .... le temps.
59. .... les gens étaient très gentils.
60. Mireille est .... honteuse.
61. Il croit que .... est super en Amérique.
62. Elle sait .... Elle a appris .... le poème.
63. Nathalie a fait .... le travail .... seule.
64. Il connaît bien .... la ville.
65. Elle adore .... les chocolats.
66. Il a mangé .... mes bananes!
67. Elle a invité .... ses amies? – Oui, elle les a invitées ....
68. Ses amis sont .... là.
69. Ta robe est .... usée.
70. Elle aime .... les fleurs.
71. Il a perdu .... son argent.
72. Elle a travaillé .... la journée. Elle a signé .... les pages.
73. Le petit Nicolas a .... mangé.
74. Pilou est curieux. Il veut .... voir.
75. Tu as invité tes copines? – Oui, je les ai .... invitées.
76. Il se lève de bonne heure .... les jours.
77. Ils sont venus de .... côtés.
78. Quand on aime, ... est possible, ... est permis.
79. Prends .... que tu veux.
80. .... les filles voulaient voir Bon Jovi.
81. Maman pense toujours à ....
82. Voilà .... ma famille.
83. Maman était .... étonnée.
84. Marie est devenue .... rouge.

85. .... tes robes sont jolies.
86. Le magasin est ouvert à .... heure.
87. Elle est encore .... petite.
88. Chantal a .... bu.
89. Nos amis sont restés .... la soirée.
90. Elle parle de ses enfants en .... occasion.
91. Au revoir à .... et merci à ....!
92. .... Vienne était au concert des Stones.
93. Tu vois les enfants? – Oui, ils sont .... dans le jardin.
94. À table! Papa a .... préparé.
95. .... le monde a parlé de cette affaire.
96. Tu as ....? – Oui, j'ai ....
97. Nos copines sont .... arrivées.
98. Ta mère a .... entendu?
99. .... les chambres sont propres.
100. .... à coup elle lui a .... dit.
101. Les filles sont à la maison .... seules.
102. .... les livres sont par terre.
103. .... les fenêtres donnent sur la mer.
104. Grand-mère était .... émue.
105. Les filles sont .... heureuses d'être ici.
106. Elle est .... fière de son succès.
107. Leur maison est .... ensoleillée.
108. Nous sommes .... yeux .... oreilles.
109. Pierre s'intéresse à .... qui se passe ici.
110. Elle a écrit à .... ses amies.
111. Tu connais les amis de ton fils? – Oui, je les connais ....
112. Elle a invité ses amies et .... sont venues.
113. Il aime .... qui est beau.
114. .... que Florence a entendu était un bruit énorme.
115. C'est .... à fait facile.
116. Nadine est .... amoureuse de Philippe.
117. Tu aimes les photos de Charles? – Oui, elles sont .... formidables.
118. Ils sont .... petits.
119. Elle a deux valises pour .... bagage.
120. Nathalie est .... feu .... flamme pour Pierre.
121. Elle est encore .... à son travail.
122. J'ai trouvé mes clés .... au fond de mon sac.
123. Maman était .... alarmée.
124. La voiture roulait à .... vitesse.
125. Ils habitent .... à côté.
126. C'est une .... jeune fille.
127. Il fait .... ses devoirs en .... hâte.

CHACUN CHACUNE CHAQUE

1. Le pronom indéfini *chacun, chacune* *das Indefinitpronomen jeder, jede (einzelne)*

Als **Pronomen** steht ***chacun* / *chacune* alleine** und bezeichnet *jeden einzelnen / jede einzelne* **aus einer bestimmten Menge**.

Elle a apporté des bonbons pour **chacun**.	*für jeden*
Chacun pour soi.	*Jeder für sich.*
Chacun à sa façon.	*Jeder auf seine Weise.*
Chacun à son tour.	*Einer nach dem anderen.*
Chacun ses goûts.	*Jeder nach seinem Geschmack.*
Chacun de nous / d'entre nous est heureux.	*Jeder von uns*
Chacune d'elles / d'entre elles va en France.	*Jede von ihnen*
Chacune des filles a reçu un cadeau.	*Jedes der Mädchen*
Chacun des deux a 40 ans.	*Jeder der beiden ist 40 Jahre.*
Les livres coûtent 12 euros **chacun**.	*Die Bücher kosten je 12 Euros.*
Partir **chacun** de son côté.	*Auseinandergehen.*

2. Le déterminant indéfini *chaque* *der indefinite Begleiter jeder, jede, jedes (einzelne)*

Als **Adjektiv** steht ***chaque* vor einem Nomen** und bezeichnet *jeden einzelnen / jede einzelne / jedes einzelne* **aus einer bestimmten Menge**.

Il y a vingt œufs dans **chaque** carton.	*Es sind 20 Eier in jedem Karton.*
Tu dois apprendre **chaque** règle.	*Du musst jede einzelne Regel lernen.*
Chaque élève doit apprendre cette règle.	*Jeder Schüler / Jede Schülerin*
J'ai une place pour **chaque** chose.	*Ich habe einen Platz für jedes Ding.*

Vergleiche:

Il va à Vienne **chaque** vendredi = **tous** les vendredis.	*jeden Freitag, alle Fr.*
Ils partent en vacances **chaque** année = **tous** les ans.	*jedes Jahr, alle Jahre*
Ils jouent ensemble **chaque** soir = **tous** les soirs.	*jeden Abend, alle Ab.*
Il lui téléphone **chaque** matin = **tous** les matins.	*jeden Morgen, alle M.*
Nous prenons du thé **chaque** après-midi = **tous** / **toutes** les après-midi.	*jeden Nachmittag*

TOUT TOUTE TOUS TOUTES CHACUN/E CHAQUE

1. Elle est jalouse à .... instant.
2. Les deux enfants se battent pour ....
3. Mettez une virgule entre .... phrase.
4. .... des deux veut passer ses vacances en France.
5. .... le monde était là.
6. Tante Sophie a apporté des chocolats pour ....
7. .... maison ici a trois chambres d'enfant.
8. .... a acheté des fleurs pour elle.
9. Il va nous attendre en .... cas.
10. Elles sont restées .... la journée.
11. .... d'elles veut aller en Grèce.
12. Il nous rend visite .... fois qu'il est en Autriche.
13. .... range sa chambre maintenant!
14. Il faut chanter .... doucement.
15. .... de mes amis est allé au ciné ce soir.
16. Il y a trois sandwichs pour ....
17. .... de ces maisons a un grand jardin.
18. Elle est une .... jeune fille.
19. Ça fait 20 euros, ... repas.
20. Il me téléphone .... fois qu'il est à Vienne.
21. .... de ses frères est professeur.
22. Ses films sont .... formidables.
23. .... de mes amies est venue me voir, quand j'étais malade.
24. On a regardé .... journal.
25. .... des trois est arrivé en retard.
26. Il aime les tartes? – Oui, il les aime ....
27. J'ai écrit à .... mes amies. .... d'elles est célibataire.
28. Maman était .... étonnée.
29. Les glaces coûtent 2 euros ....
30. .... de vous peut nous aider.
31. Elle fait un drame de .... problème.
32. .... à coup il s'est retourné.
33. Les bouquets de fleurs, c'est 10 euros ....
34. .... livre m'intéresse.
35. .... des livres était intéressant.
36. .... le jardin est plein de fleurs.
37. Les tulipes, c'est 1 euro ....
38. Il aime inviter .... ses amis.
39. On a une vue exceptionnelle de .... chambre.
40. Nous y allons .... vendredi soir.

LAISSER / FAIRE / RENDRE

Voir d'abord ☺ **III** p 58.

laisser qn. **faire** qc. = **laisser faire** qc. à qn.	*jemanden etwas tun lassen,* *jemandem etwas erlauben*
faire faire qc./qn.	*etwas / jemanden veranlassen*
faire faire qc. à qn.	*jmd. veranlassen etwas zu tun*
rendre qn.+ adjectif	*jemanden ... machen*

Merke: Steht bei **faire + infinitif** nur **ein** Objekt, so ist dieses immer **4. Fall.**
Stehen bei **faire + infinitif zwei** Objekte, so ist das **Personalobjekt** immer **3. Fall**, das **Sachobjekt** immer **4. Fall**.
Das **Sachobjekt** kann auch ein **que-Satz** sein.

Vergleiche:

Je **fais travailler** ***les enfants***. *(ein Objekt im 4.Fall)*
Je ***les*** **fais travailler**. *(ein Objekt im 4.Fall)*
Gustave Eiffel **a fait construire** ***la tour Eiffel***. *(ein Objekt im 4.Fall)*

Elle **fait dessiner** ***un arbre aux élèves***. *(zwei Objekte: Personalobjekt im 3.Fall, Sachobjekt im 4.Fall)*
Elle ***leur*** **fait dessiner** ***un arbre***. *(zwei Objekte: Personalobjekt im 3.Fall, Sachobjekt im 4.Fall)*

Il **fait croire** ***au prof*** *(Personalobj. im 3.Fall)* ***qu'il est malade***. *(Sachobj.: que-Satz)*

Exemples:

Marie a **laissé** son petit frère **prendre** sa bicyclette à elle.
Maria hat ihren kleinen Bruder ihr Rad nehmen lassen. / Maria hat ihrem kleinen Bruder erlaubt, ihr Rad zu nehmen.

Elle **laisse prendre** son vélo à son petit frère.
Sie lässt ihren kleinen Bruder ihr Rad nehmen.

Il nous a **fait faire** une composition.
Er hat uns veranlasst, einen Aufsatz zu schreiben.

Paul la **rend** heureuse. *Paul macht sie glücklich.*

À remplir:

1. Elle m'a .... fermer la fenêtre.
2. Ouvre la porte! .... -moi entrer!
3. Madame Leclerc .... faire la vaisselle à son fils.
4. Son travail la .... malade.
5. ....-nous sortir ce soir!
6. Son succès le .... orgueilleux.
7. Il .... entrer les clients.
8. Elle nous a .... aller à la fête.
9. Tu me .... fou!
10. Elle .... remplir la fiche aux visiteurs.
11. Notre prof nous a .... faire cet exercice difficile.
12. Cette nouvelle nous a .... tristes.
13. Ils ont .... construire leur maison en 2002.
14. Tu les .... partir en France seuls?
15. La fête l'a .... joyeuse.
16. Elle m'a .... porter sa robe bleue.
17. Tu viens? – Non, maman me .... repasser le linge.
18. Papa, tu me .... prendre la voiture ce soir?
19. Elle .... jouer ses enfants dans la salle de séjour.
20. Ses livres l'ont .... célèbre.
21. Elle voudrait se reposer. Elle .... jouer les enfants dehors.
22. Je l'ai .... voir ce film.
23. Il nous a .... réciter le poème.
24. Ce livre a .... la ville célèbre.
25. Elle .... croire aux parents qu'elle était à l'école.
26. Ils ont .... venir un médecin.
27. S'il te plaît, ... sortir le chien!
28. Le mauvais temps a .... notre situation dangereuse.
29. Je leur .... acheter du pain.
30. Le prof leur .... écouter des chansons françaises.
31. ....-moi passer!
32. Ce film l'a .... triste.
33. Elle a .... arranger son appartement.
34. Cette règle .... le problème grammatical moins compliqué.
35. Tu me .... curieux!
36. Elle va .... publique cette nouvelle.
37. Il t'a .... regarder ce film?
38. Maman nous a .... faire la vaisselle.
39. Cette mélodie me .... toujours malheureux.
40. D'abord il nous a .... faire nos devoirs et après il nous a .... jouer au foot.
41. Son succès l'a .... arrogant.

LE CONDITIONNEL PRÉSENT: ÊTRE / AVOIR / FAIRE / FALLOIR / ALLER

1. Das Konditional drückt eine **Möglichkeit**, einen **Wunsch**, eine **Bitte**, einen **Vorschlag**, eine **Vermutung**, einen **Zweifel**, eine **höfliche Frage** oder **Entrüstung** und **Empörung** aus. (Voir aussi ☺ **II** p 37)
2. Als Zeit wird es in der **indirekten Rede** für das **Futur**, ***von der Vergangenheit aus gesehen***, und für die **si-Sätze** (p 58) verwendet.

être	*sein*	
je	**serais**	*ich wäre*
tu	**serais**	
il/elle	**serait**	
nous	**serions**	
vous	**seriez**	
ils/elles	**seraient**	

avoir	*haben*	
j'	**aurais**	*ich hätte*
tu	**aurais**	
il/elle	**aurait**	
nous	**aurions**	
vous	**auriez**	
ils/elles	**auraient**	

faire	*machen, tun*	
je	**ferais**	*ich würde tun, täte*
tu	**ferais**	
il/elle	**ferait**	
nous	**ferions**	
vous	**feriez**	
ils/elles	**feraient**	

falloir	*müssen*
il **faudrait**	*man müsste, sollte*

aller	*gehen*	
j'	**irais**	*ich würde gehen, ginge*
tu	**irais**	
il/elle	**irait**	
nous	**irions**	
vous	**iriez**	
ils/elles	**iraient**	

LA FORMATION DU CONDITIONNEL
Die Bildung des Konditionals

1. Die meisten Verben auf ***-er***, ***-ir*** hängen an den **Infinitiv** des Verbes die **Endung des *imparfait*** an.

parler	
je	parler **ais**
tu	parler **ais**
il/elle/on	parler **ait**
nous	parler **ions**
vous	parler **iez**
ils/elles	parler **aient**

finir	
je	finir **ais**
tu	finir **ais**
il/elle/on	finir **ait**
nous	finir **ions**
vous	finir **iez**
ils/elles	finir **aient**

2. Die Verben auf ***-dre*** und ***-re*** **verlieren** das ***-e*** **des Infinitivs**.

attendre	
j'	attendr **ais**
tu	attendr **ais**
il/elle/on	attendr **ait**
nous	attendr **ions**
vous	attendr **iez**
ils/elles	attendr **aient**

mettre	
je	mettr **ais**
tu	mettr **ais**
il/elle/on	mettr **ait**
nous	mettr **ions**
vous	mettr **iez**
ils/elles	mettr **aient**

3. Verben mit **Akzenten**:

acheter	j'ach**è**terais	esp**é**rer	j'esp**é**rerais
peser	je p**è**serais	préf**é**rer	je préf**é**rerais
se lever	je me l**è**verais	rép**é**ter	je rép**é**terais
se promener	je me prom**è**nerais		
s'asseoir	je m'assi**é**rais (je m'ass**oi**rais / je m'asse**y**erais *ältere Formen*)		

4. Merke:

avoir	j'**aurais**
être	je **serais**
aller	j'**irais**
apercevoir	j'apercev**rais**
appeler	j'appe**ll**erais
appuyer	j'appu**i**erais
boire	je boirais
connaître	je conna**î**trais
courir	je cou**rr**ais
devenir	je de**viendrais**
devoir	je **devrais**
dire	je dirais
employer	j'emplo**i**erais
envoyer	j'en**verrais**
faire	je **ferais**
falloir	il **faudrait**
jeter	je je**tt**erais
mourir	je mou**rr**ais
payer	je pa**i**erais/je pa**y**erais
placer	je placerais
pleuvoir	il pleuv**rait**
pouvoir	je pou**rrais**
prévoir	je prévoirais
recevoir	je recev**rais**
savoir	je **saurais**
tenir	je **tiendrais**
valoir (mieux)	il **vaudrait** (mieux)
venir	je **viendrais**
voir	je **verrais**
vouloir	je vou**drais**

Exemples:

Pourrais-tu m'aider?
On **pourrait** aller au théâtre.
À sa place je n'**irais** pas à Vienne ce week-end.
Il **serait** peut-être malade.
Je **voudrais** bien vous rendre visite.
Au cas où il **pleuvrait**, fermez toutes les fenêtres.

LE CONDITIONNEL PRÉSENT

1. Est-ce que vous .... (avoir) le temps de venir chez nous?
2. Il .... (falloir) attendre.
3. Elle .... (être) une bonne mère.
4. Ils .... (faire) des bêtises.
5. Tu .... (vouloir) une tasse de thé?
6. J' .... (avoir) une idée extra pour la fête.
7. Elle .... (faire) tout pour lui.
8. Ce .... (être) super!
9. Attends! Elles .... (devoir) arriver maintenant.
10. Pierre .... (avoir) le courage de venir?
11. Il .... (falloir) mettre encore un peu de sel.
12. J' .... (aller) au théâtre si j'avais le temps.
13. Nous .... (avoir) faim.
14. Vous .... (être) à la maison ce soir?
15. Je .... (être) heureuse de le connaître.
16. Il .... (falloir) les aider.
17. .... -tu (pouvoir) me donner ton livre de français?
18. Tu .... (aimer) me dire quelque chose?
19. Pierre .... (devoir) être à la maison à cette heure-ci.
20. Il m'a dit qu'il .... (aller) au cinéma ce soir.
21. J'.................................... (aimer) vous annoncer que votre mère est là.
22. Je ne sais pas encore ce qu'on .... (pouvoir) faire ce soir.
23. Julie .... (aimer) aller au ciné.
24. .... -tu (avoir) un mouchoir pour moi, Nadine?
25. .... -vous (pouvoir) me donner une information?
26. Il .... (falloir) aller plus vite.
27. Tiens, Claudine, Pierre .... (vouloir) sortir avec toi.
28. Nous .... (pouvoir) organiser une fête!
29. On .... (aller) au bar Paradis ce soir?
30. Ils .... (pouvoir) nous montrer leur maison.
31. Philippe, ... -il (avoir) peur?
32. Il .... (falloir) prendre le métro.
33. Je .... (être) très contente de connaître tes parents.
34. Nous .... (faire) une promenade ensemble?
35. Tu .... (avoir) faim sans doute.
36. Ils .... (aller) peut-être au restaurant italien.
37. Tu .... (pouvoir) me prêter ta voiture, maman?
38. Il .... (falloir) partir maintenant, les enfants.
39. Si j'avais le temps, je .... (voyager) beaucoup.
40. Ils racontaient ce qu'ils .... (faire) pendant les vacances.
41. À ta place je .... (ne pas acheter) cette voiture.

42. On a sonné à la porte! Tu .... (pouvoir) ouvrir?
43. Tu .... (devoir) travailler plus sérieusement.
44. Aller au ciné te .... (faire) plaisir?
45. .... -vous (savoir) m'expliquer ces règles?
46. S'il arrivait à l'heure, je lui .... (donner) mes clés.
47. .... -vous (avoir) un stylo pour moi?
48. Il nous a informés, qu'il .... (ne pas pouvoir) rester longtemps.
49. Vous .... (être) très aimable de nous rendre visite.
50. L'accident est grave. Il y .... (avoir) 53 personnnes grièvement blessées.
51. Il nous a dit qu'il .... (venir) à trois heures.
52. Je me .... (être) trompé?
53. Je ne .... (croire) pas cette histoire.
54. Sans ce remède elle .... (être) perdue.
55. Ce .... (être) très agréable de la connaître.
56. Ton père .... (avoir) raison alors?
57. Tu .... (faire) bien d'épargner un peu d'argent.
58. Il m'a dit que je .... (recevoir) une lettre de lui.
59. Elle nous a expliqué que nous .... (voir) les résultats plus tard.
60. Quoi! Je .... (être) alcoolique!
61. J'ai entendu dire qu'il y .... (avoir) plus de 30 morts à cause de l'inondation.
62. Je savais que tu .... (finir) par nous aider.
63. Comment! Je ne .... (dire) pas la vérité!
64. Nous .... (vouloir) inviter nos amis.
65. Tu .... (pouvoir) fermer les fenêtres?
66. Je .... (payer) pour tous?
67. Il .... (pleuvoir) peut-être demain.
68. Il m'a écrit qu'il .... (acheter) une maison à la plage.
69. J'ai appris qu'ils .... (partir) demain soir.
70. J'................................ (aimer) aller au restaurant italien ce soir.
71. .... -vous (pouvoir) me dire, Monsieur, où est la place Pigalle?
72. Je savais bien que tu .... (aimer) mon gâteau!
73. Tu croyais que la solution de ce problème .... (être) impossible?
74. Il .... (devoir) se passer de cigarettes.
75. Tu m' .... (écrire), Nadine?
76. Ce .... (être) peut-être trop dangereux?
77. Vous .... (lire) le livre et .... (faire) un résumé.
78. Et avec ça? – Je .... (vouloir) deux baguettes, s'il vous plaît.
79. Ça vous .... (faire) plaisir de m'accompagner?
80. .... -vous (pouvoir) me dire l'heure, s'il vous plaît?
81. On .... (pouvoir) aller à la piscine?
82. Il .... (falloir) se dépêcher.

LE FUTUR SIMPLE
Das einfache Futur

A. Bildung:

1. Die meisten Verben auf **-er**, **-ir** hängen an den **Infinitiv** die **Futurendung** an.

porter**er**	
je	porter **ai**
tu	porter **as**
il/elle/on	porter **a**
nous	porter **ons**
vous	porter **ez**
ils/elles	porter **ont**

fin**ir**	
je	finir **ai**
tu	finir **as**
il/elle/on	finir **a**
nous	finir **ons**
vous	finir **ez**
ils/elles	finir **ont**

2. Verben auf **-dre**, **-re** **verlieren** das **-e** des **Infinitivs**.

atten**dre**	
j’	attendr **ai**
tu	attendr **as**
il/elle/on	attendr **a**
nous	attendr **ons**
vous	attendr **ez**
ils/elles	attendr **ont**

mett**re**	
je	mettr **ai**
tu	mettr **as**
il/elle/on	mettr **a**
nous	mettr **ons**
vous	mettr **ez**
ils/elles	mettr **ont**

3. Verben mit **Akzenten**:

acheter	j’ach**è**terai	esp**é**rer	j’esp**é**rerai
peser	je p**è**serai	préf**é**rer	je préf**é**rerai
se lever	je me l**è**verai	rép**é**ter	je rép**é**terai
se promener	je me prom**è**nerai		
s’asseoir	je m’ass**ié**rai (je m’ass**oi**rai / je m’ass**ey**erai *alte Formen*)		

4. Merke:

être	je **serai**
avoir	j'**aurai**
aller	j'**irai**
apercevoir	j'apercev**rai**
appeler	j'appe**ll**erai
appuyer	j'appu**i**erai
boire	je boirai
connaître	je conna**î**trai
courir	je cou**rr**ai
devenir	je de**viendrai**
devoir	je de**vrai**
dire	je dirai
employer	j'emplo**i**erai
envoyer	j'en**verrai**
faire	je **ferai**
falloir	il **faudra**
jeter	je je**tt**erai
mourir	je mou**rr**ai
payer	je pa**i**erai/je pa**y**erai
placer	je placerai
pleuvoir	il pleuv**ra**
pouvoir	je pou**rrai**
prévoir	je prévoirai
recevoir	je recev**rai**
savoir	je **saurai**
tenir	je **tiendrai**
valoir (mieux)	il **vaudra** (mieux)
venir	je **viendrai**
voir	je **verrai**
vouloir	je vou**drai**

Achtung: Vor **j'irai / j'irais** (☺ **IV** conditionnel, p 41) **entfällt** das **adverbe pronominal** ***y*** (☺ **III**, p 27).

Tu **iras** à Vienne? – Oui, **j'irai**. *Ja, ich werde dorthin fahren.*
Tu **irais** au Portugal? – Oui, **j'irais**, si j'avais l'argent nécessaire.
Ja, ich würde dorthin fahren, wenn ich das nötige Geld hätte.

B. **Gebrauch** des Futurs:

1. für **zukünftige Handlungen**, **Annahmen**:

Exemples:

Demain nous **irons** au ciné.
Elle **arrivera** certainement.
Qu'est-ce qu'ils **feront** après le bac?
Quand est-ce que nous **aurons** le plaisir de vous connaître?
Wann werden wir das Vergnügen haben, Sie kennen zu lernen?

2. nach Verben wie **espérer** *(hoffen)*, **promettre** *(versprechen)*, **jurer** *(schwören)*, wenn sie in die Zukunft weisen:

Exemples:

Nous espérons qu'il **fera** beau temps demain.
J'espère que tu **seras** prêt à six heures.
Je te jure que je ne le **ferai** plus jamais. *(... dass ich es nie mehr tun werde.)*
Il me promet qu'il ne **mentira** plus.

3. für **Befehle** und **höfliche Bitten**:

Exemples:

Vous **fermerez** la porte!
Vous **ferez** vos devoirs plus sérieusement!
Tu ne **sortiras** pas ce soir!
Vous **ferez** les rédactions pour demain!
Tu **iras** chercher tes clés tout de suite!
Tu me **permettras** encore une question?
Vous **prendrez** encore un dessert?
Il **vaudra** mieux fermer la fenêtre avant de partir.
(Es wird besser sein, das Fenster vor dem Weggehen zu schließen!)

METS LA FORME DU FUTUR CORRECTE

1. On .... (jouer) au foot cet après-midi?
2. J'espère que tu .... (passer) un week-end super.
3. Elle .... (pouvoir) réaliser ses rêves certainement!
4. Dans quelques jours nous .... (faire) une fête.
5. Je .... (partir) en vacances en septembre.
6. Demain nous .... (aller) en ville avec notre père.
7. Vous .... (devoir) travailler plus silencieusement.
8. Un jour elle .... (pouvoir) nous rendre visite.
9. Quand est-ce que tu .... (sortir) avec Pierre?
10. Vous .... (se promener) à vélo?
11. Il ne .... (savoir) pas comment t'aider.
12. Je .... (venir) demain à huit heures du soir.
13. Nous .... (devoir) repeindre les murs.
14. Vous .... (faire) du ski l'hiver prochain?
15. Quand .... (passer)-tu ton permis de conduire?
16. Demain j' .... (arrêter) de fumer, je le promets!
17. .... (pouvoir)-tu nous aider? - On .... (voir)!
18. Silence! Je .... (être) bref.
19. Il me promet qu'il .... (avoir) de meilleures notes.
20. Dans quelques années Pierre et moi .... (avoir) une maison au bord de la mer.
21. Vous .... (être) raisonnables, n'est-ce pas?
22. C'est vous qui .... (payer)?
23. Demain je .... (courir) plus vite.
24. Tu .... (rentrer) avant minuit!
25. Je .... (téléphoner) à Nicole tout de suite.
26. Quand il .... (être) grand, il .... (aller) en France.
27. Les élèves n' .... (avoir) plus cours le samedi.
28. On .... (aller) au théâtre la semaine prochaine.
29. L'année prochaine elle .... (arrêter) de fumer.
30. Elle .... (revenir) après-demain.
31. Au mois de mai les élèves .... (avoir) leur bac.
32. Vendredi prochain nous .... (être) déjà à Paris.
33. Le mois prochain je .... (se reposer) au bord de la mer et je t' .... (envoyer) une carte postale.
34. Ils .... (boire) tout le vin.
35. On se .... (revoir) bientôt, c'est promis!
36. Ce soir nous .... (dîner) dans un restaurant très chic.
37. Vous .... (suivre) la rue jusqu'au rond-point et après vous .... (tourner) à droite.
38. Dans quelques jours je .... (être) à Venise.

LE FUTUR ANTÉRIEUR
Die Vorzukunft

1. Verwendung:
Das **futur antérieur** drückt eine Handlung aus, die zu einem **bestimmten Zeitpunkt der Zukunft vollendet ist / sein wird.**
Im Deutschen steht dafür oft das **Präsens/Perfekt!**

2. Bildung:
Das **futur antérieur** wird gebildet aus dem **futur simple** von ***avoir*** oder ***être (j'aurai / je serai),*** und dem **participe passé**.
Verben, die das **passé composé** mit ***avoir*** bilden, bilden auch das **futur antérieur** mit ***avoir***.
Verben, die das **passé composé** mit ***être*** bilden, bilden auch das **futur antérieur** mit ***être***. (*Voir d'abord* ☺ **I** p 86/87)
Es gelten **dieselben Übereinstimmungsregeln** wie im **passé composé**.

Signalwörter:	**dès que**	*sobald als*
	aussitôt que (nur mehr in älteren Texten)	*sobald als*
	déjà	*schon*
	quand, lorsque	*wenn*
	demain, à cette heure-ci	*morgen um diese Zeit*

Exemples:

Dès que j'**aurai fini** mes devoirs, je te téléphonerai.
Sobald ich meine Hausübung fertig gemacht haben werde (fertig habe), werde ich dich anrufen.

Vendredi tu **auras passé** ton examen.
Am Freitag wirst du deine Prüfung gemacht haben.

L'année prochaine il **aura trouvé** un grand appartement.
Nächstes Jahr wird er eine große Wohnung gefunden haben.

Quand nous **aurons réservé** l'hôtel, nous partirons en vacances.
Wenn wir das Hotel reserviert haben (werden), werden wir auf Urlaub fahren.

Vous me raconterez le film dès que vous l'**aurez vu**.
Ihr werdet mir den Film erzählen, sobald ihr ihn gesehen haben werdet/gesehen habt.

Elles **auront déménagé** l'année prochaine.
Sie werden nächstes Jahr umgezogen sein.

Demain je **serai monté**(**e**) voir Pauline à l'hôpital.
Morgen werde ich Pauline im Spital besucht haben.

Tu **seras revenu**(**e**) avant six heures demain.
Morgen wirst du vor sechs Uhr zurückgekehrt sein.

Elle **sera rentrée** à minuit.
Sie wird um Mitternacht heimgekommen sein.

Demain, à cette heure-ci nous **serons** déjà **parti**(**e**)**s**.
Morgen um diese Zeit werden wir schon weggefahren sein.

Vous **serez venu**(**e**)**s**.
Ihr werdet / Sie werden gekommen sein.

Elles **seront arrivées** demain à huit heures du soir.
Sie werden morgen um acht Uhr abends angekommen sein.

Les garçons **seront sortis** avec Pierre.
Die Buben werden mit Peter fortgegangen sein.

LE FUTUR ANTÉRIEUR

1. Après qu'il .... (s'amuser), Paul sera fatigué.
2. Quand Jérôme .... (passer) son permis de conduire, il sera heureux.
3. Vous servirez la soupe, dès que nos amis .... (arriver).
4. L'année prochaine nous .... (acheter) une maison.
5. Demain à trois heures nos amies .... (partir).
6. La semaine prochaine tu .... (recevoir) ma lettre.
7. Lorsque Marie .... (faire) la vaisselle, elle lira un peu.
8. À la fin de vos vacances vous .... (beaucoup nager).
9. Le soir ils .... (finir) leurs traductions.
10. Après que j' .... (prendre) un café, je boirai de l'eau.
11. Quand papa .... (passer) l'aspirateur, il fera les courses cet après-midi.
12. Quand il .... (voir) Nicole danser, il sera ravi.
13. Ils .... (déménager) l'année prochaine.
14. Elle .... (rentrer) avant minuit.
15. Ils .... (sortir) avec Pierre.
16. Au moment où il .... (arriver), je lui dirai la vérité.
17. Ce soir, à sept heures, nous .... (terminer) notre entretien.
18. Je te téléphonerai à six heures, Anne. –
    Non, à six heures je .... (déjà / partir).
19. Monique arrivera dès que vous .... (tout préparer).
20. Ah, non! Ta mère .... (oublier) les clés!
21. Tu pourras aller jouer, dès que tu .... (finir) tes devoirs.
22. Quand est-ce que papa reviendra? –
    Quand il .... (terminer) son travail au bureau.
23. Vous me raconterez le film, dès que vous l' .... (voir).
24. L'année prochaine tout .... (changer).
25. Philippe est en retard. Il .... (certainement manquer) le bus.
26. À neuf heures les enfants .... (s'endormir).
27. Pour après-demain vous .... (lire) le livre entièrement.
28. Vous allez vous lever, dès que le prof .... (entrer).
29. Nous paierons la facture, dès que Monsieur Pugeol l' .... (envoyer).
30. Je t'écrirai, dès que je .... (rentrer).

LE PLUS-QUE-PARFAIT
Die Vorvergangenheit

1. Verwendung: für **nicht abgeschlossene** Geschehnisse, die sich noch **vor vergangenen Ereignissen zugetragen haben** oder **Zuständen, die bereits bestanden haben**.

2. Bildung: Hilfsverben **avoir / être** im **imparfait** + **Partizip Perfekt.** Verben, die mit **être** gebildet werden, müssen mit dem Subjekt **übereingestimmt** werden. *(Voir d'abord* ☺ **I** p 86/87*)*

j'	**avais**	**vu**	*ich hatte gesehen*
tu	**avais**	**regardé**	*du hattest betrachtet*
il/elle/on	**avait**	**bu**	*er/sie/es hatte getrunken*
nous	**avions**	**fait**	*wir hatten gemacht*
vous	**aviez**	**écrit**	*ihr hattet / Sie hatten geschrieben*
ils/elles	**avaient**	**chanté**	*sie hatten gesungen*
j'	**étais**	**venu(e)**	*ich war gekommen*
tu	**étais**	**entré(e)**	*du warst eingetreten*
il/elle/on	**était**	**resté(e)**	*er/sie/es war geblieben*
nous	**étions**	**sorti(e)s**	*wir waren ausgegangen*
vous	**étiez**	**tombé(e)s**	*ihr wart / Sie waren niedergefallen*
ils/elles	**étaient**	**parti(e)s**	*sie waren weggegangen*

Signalwörter: **dès que** *(sobald als)*, **déjà, ne ... jamais, peu après**

Exemples:

Quand nous sommes arrivés, ils **avaient** <u>déjà</u> **fini** leur repas.
Als wir eintrafen, hatten sie <u>bereits</u> ihr Essen beendet.

Nous **avions** <u>déjà</u> **attendu** une heure, quand il est entré.
Wir hatten <u>schon</u> eine Stunde gewartet, als er eingetreten ist.

Il était heureux. Il <u>n</u>'**avait** <u>jamais</u> **vu** de plus belle fille.
Er war glücklich. Er hatte <u>noch nie</u> ein schöneres Mädchen gesehen.

Il était furieux, mais je n'**avais** rien **dit**.
Er war zornig, aber ich hatte nichts gesagt.

METS LE PLUS-QUE-PARFAIT

1. .... (je/déjà/finir) de lire ce livre, quand tu es entrée, Mireille.
2. Dès que ses amies .... (partir), elle .... (commencer) à ranger sa chambre.
3. Maman s'est fâchée parce que Robert .... (déchirer) son pantalon.
4. Ils .... (déjà/attendre) depuis deux jours, quand la lettre est arrivée.
5. Quand elle .... (terminer) ses devoirs, elle aimait aller se promener.
6. Il a couru au commissariat de police parce qu'on lui .... (voler) son porte-monnaie.
7. Elle s'est mise à pleurer parce qu'elle .... (perdre) ses clés.
8. Il .... (oublier) son argent, alors il n'a pas pu payer au restaurant.
9. Chaque fois qu'elle .... (passer) un examen, elle partait en vacances.
10. Je croyais que Pierre .... (terminer) ses études.
11. Dès que nous .... (entendre) le bruit, nous .... (courir) vers la sortie.
12. Monique .... (déjà/partir), quand nous sommes arrivés.
13. Ils .... (déjà/comprendre), il ne fallait plus rien leur expliquer.
14. Maman .... (mettre) son manteau pour aller au marché.
15. Il .... (ne me/jamais/demander), si je voulais lui rendre visite.
16. Elle .... (dire) que vous passiez vos vacances en Grèce.
17. Le bébé .... (s'endormir/enfin), quand le téléphone a sonné.
18. Dès qu'elle .... (prendre) son bain, elle allait se coucher.
19. Dès qu'elle .... (arriver), elle .... (se mettre) à téléphoner.
20. La soirée .... (se terminer) dans le calme et tout le monde était content.
21. Elle .... (ne pas rentrer) depuis une minute que sa mère l'a fait venir chez elle.
22. Dès qu'il .... (finir) son travail, il se reposait sur la terrasse.

LE CONDITIONNEL PASSÉ
Die Bedingungsform der Vergangenheit

1. Bildung:
Das **conditionnel passé** wird gebildet aus dem **conditionnel présent** von ***avoir*** oder ***être*** (***j'aurais / je serais*** ...) und dem **participe passé**.
Verben, die das **passé composé** mit ***avoir*** bilden, bilden auch das **conditionnel passé** mit ***avoir***.
Verben, die das **passé composé** mit ***être*** bilden, bilden auch das **conditionnel passé** mit ***être***. (*Voir d'abord* ☺ **I** p 86/87)
Es gelten **dieselben Übereinstimmungsregeln** wie im **passé composé**.

j'	**aurais**	**dormi**	*ich hätte geschlafen*
tu	**aurais**	**mangé**	*du hättest gegessen*
il/elle/on	**aurait**	**pleuré**	*er/sie/man hätte geweint*
nous	**aurions**	**cherché**	*wir hätten gesucht*
vous	**auriez**	**donné**	*ihr hättet / Sie hätten gegeben*
ils/elles	**auraient**	**perdu**	*sie hätten verloren*
je	**serais**	**parti(e)**	*ich wäre weggegangen*
tu	**serais**	**sorti(e)**	*du wärest ausgegangen*
il/elle/on	**serait**	**venu(e)**	*er/sie/man wäre gekommen*
nous	**serions**	**allé(e)s**	*wir wären gegangen*
vous	**seriez**	**resté(e)(s)**	*ihr wäret / Sie wären geblieben*
ils/elles	**seraient**	**arrivé(e)s**	*sie wären angekommen*

Exemples:

J'**aurais su** cela!	*Ich hätte das gewußt!*
Tu **aurais pu** m'aider!	*Du hättest mir helfen können!*
Il m'**aurait vu(e).**	*Er hätte mich gesehen.*
Nous vous **aurions aidé**, Monsieur!	*Wir hätten Ihnen geholfen, mein Herr!*
Vous **auriez pu** nous rendre visite.	*Ihr hättet / Sie hätten uns besuchen können.*
Elles **auraient eu** toutes les chances.	*Sie hätten alle Chancen gehabt.*
Je **serais parti(e)** plus tard.	*Ich wäre später weggegangen.*
Tu **serais arrivée** à une heure, Anne.	*Du wärest um ein Uhr angekommen, Anna.*
Elle **serait venue**.	*Sie wäre gekommen.*
Nous **serions resté(e)s**.	*Wir wären geblieben.*
Vous **seriez retourné(e)(s)**.	*Ihr wäret / Sie wären zurückgekehrt.*

2. Verwendung:

Zum Ausdruck größter **Skepsis, Empörung, Ironie** und einer mit großer Zurückhaltung geäußerten **Vermutung**.

Für die **si-Sätze (propositions conditionnelles)** p 58.

Für die **Zeitenfolge (concordance des temps)** p 88.

Exemples:

J'ai entendu dire que Monsieur le Président **aurait démissionné** de son poste.
Ich habe gehört, dass der Präsident sein Amt zurückgelegt hätte.

Selon ce qu'on raconte, il **aurait gagné** le gros lot.
Nachdem was man sagt, hätte er das große Los gezogen.

À traduire:

1. Er hätte das nicht gewusst!
2. Sie hätte Sie angerufen.
3. Ich hätte den Zug um neun Uhr genommen.
4. Sie wären gerne länger geblieben.
5. Er wäre nicht vor sechs Uhr gekommen.
6. Wir haben gehört, dass Anton eine Reise gewonnen hätte.
7. Er hat gedacht, dass sie zu spät angekommen wären.
8. Sie hat mich angerufen, dass Nathalie umgezogen wäre.
9. Man hat im Radio gesagt, dass die Brotpreise gestiegen wären.
10. Er hat uns erzählt, dass er eine außergewöhnliche Frau gefunden hätte.
11. Er hätte dich sehen können.
12. Warum wärest du geblieben?
13. Er sagte, dass er seine Prüfung bestanden hätte.
14. Nach dem, was er erzählt, wären sie gestern gekommen.
15. Du hättest weniger essen sollen.
16. Die Polizei soll den Mann gefunden haben.
17. An deiner Stelle hätte ich geweint.
18. Wärest du mit ihm ausgegangen, Maria?
19. Er hätte uns die Zeitung bringen können.
20. Man hätte mit ihr vorher sprechen müssen.
21. Sie hätten nicht gewartet.
22. Sollte sie (etwa) schon gegangen sein?
23. Ihr wäret geblieben.
24. Sie hätte euch einladen können.
25. Sie hätte dir den Brief nicht geben können.

LE CONDITIONNEL PASSÉ

1. À la télé on a dit qu'un arbre .... (bloquer) la rue.
2. Selon ce qu'elle nous a raconté, on .... (trouver) le gangster.
3. Tiens, il .... (faire) cela pour rien!
4. On nous a informés qu'elles .... (venir) en retard.
5. Il pensait vraiment que ses problèmes nous .... (intéresser).
6. Tu l'as entendu dire, toi aussi, qu'il .... (passer) un examen?
7. Il nous a écrit qu'il .... (ne pas pouvoir) nous aider.
8. J'ai entendu dire qu'il .... (quitter) Mireille.
9. Ma voisine m'a dit que Monsieur Legrand .... (mourir).
10. Elle a espéré qu'il .... (ne pas oublier) son anniversaire.
11. Un peu plus vite, et vous .... (avoir) un accident grave!
12. On a dit à la radio que les prix de l'essence .... (diminuer).
13. Sans votre aide nous .... sûrement .... (abîmer) la voiture!
14. Écoute! Elle .... presque .... (trouver) les papiers secrets!
15. Cela .... (être) très gentil de ta part!
16. Il .... bien .... (acheter) la maison au bord de la mer, mais c'était trop cher.
17. Je sais bien, tu .... bien .... (vouloir) m'aider.
18. .... -elles déjà .... (partir)?
19. Tiens, les médecins .... (trouver) un vaccin contre le cancer!
20. J'ai lu que Monsieur Ledoux .... (commettre) un délit de fuite!
21. D'abord, on .... (pouvoir) parler avec eux!
22. Ils ont annoncé qu'ils .... (être) invités chez Madame Bonnaure.
23. On .... (ne jamais savoir) la vérité.
24. Il .... (ne pas le faire) sans votre aide.
25. Vous .... (ne pas aller) dans ce bar, Philippe et Pierre!
26. Mon Dieu! Tu .... (pouvoir) gagner!
27. Ils .... peut-être .... (écrire).
28. Vous .... (croire) cette histoire?

LES PROPOSITIONS CONDITIONNELLES
Die Bedingungssätze

1. Wirklichkeit:	**a)**	**si + présent**	⇨	**présent**
	b)	**si + présent**	⇨	**futur**
	c)	**si + présent**	⇨	**impératif**

Exemples:

a) **Si** tu **es** content, je **suis** heureux aussi.
Wenn du zufrieden bist, bin ich auch glücklich.
(**wirklich**, **tatsächlich**; **allgemein gültig, es ist immer so** ⇨ présent)

b) **S'**il **arrive**, je lui **dirai** la vérité.
Wenn er ankommt, werde ich ihm die Wahrheit sagen.
(**wirklich**, **tatsächlich**; **spezielle, einmalige Situation** ⇨ futur)

c) **Si** tu **connais** la vérité, **dis**-la maintenant!
Wenn du die Wahrheit kennst, sag sie jetzt!
(**Befehl**)

2. Möglichkeit:	**a)**	**si + imparfait**	⇨	**conditionnel présent (I)**
	b)	**si + imparfait**	⇨	**conditionnel passé (II)**

Exemples:

a) **Si** elle **venait**, je lui **donnerais** l'argent nécessaire. (cond.I)
Wenn sie käme, würde ich ihr das benötigte Geld geben / gäbe ich ihr … .
(**Möglichkeit** auf die Gegenwart bezogen.)

b) **Si** Paul l'**aimait** vraiment, il ne **serait** pas **parti**. (cond.II)
Wenn Paul sie wirklich liebte, wäre er nicht weggegangen.
(**Möglichkeit** auf die Vergangenheit bezogen.)

3. Unmöglichkeit:	**a)**	**si + plus-que-parfait**	⇨ **cond. présent (I)**
	b)	**si + plus-que-parfait**	⇨ **cond. passé (II)**

Exemples:

a) **Si** elle **était venue**, on l'**informerait**.
Wenn sie gekommen wäre, würde man sie informieren.
(**Unmöglichkeit** auf die Gegenwart bezogen.)

Si on **avait trouvé** la clé, nous **pourrions** ouvrir la porte.
Wenn wir den Schlüssel gefunden hätten, könnten wir die Tür öffnen.
(**Unmöglichkeit** auf die Gegenwart bezogen.)

b) **Si** elle **était venue**, on l'**aurait informée**.
Wenn sie gekommen wäre, hätte man sie informiert.
(**Unmöglichkeit** auf die Vergangenheit bezogen.)

Si nous **avions vu** le film, nous **aurions pu** écrire un récit.
Wenn wir den Film gesehen hätten, hätten wir einen Bericht schreiben können.
(**Unmöglichkeit** auf die Vergangenheit bezogen.)

Merke: Der **si-Satz** kann sowohl am **B**eginn des Satzes stehen, gefolgt von einem **B**eistrich, als auch ohne Beistrich an 2. Satzstelle.

Exemples:

S'il n'était pas arrivé en retard **,** on l'aurait informé.
On l'aurait informé **s**'il n'était pas arrivé en retard.

Achtung: **Unmittelbar hinter** ***si*** in der Bedeutung ***wenn, falls*** darf **nie** ein **conditionnel** oder **futur** stehen.
Heißt ***si*** jedoch ***ob***, können **alle Formen und Zeiten**, je nach dem Sinn, stehen.

Exemples:

Je ne sais pas encore **si** j'**aurai** l'argent voulu.	***ob*** *ich* ***haben werde***
Tu ne m'as pas informé **si** tu **achèteras** l'ordinateur.	***ob*** *du* ***kaufen wirst***
Je voudrais bien savoir **s'**il **viendrait**.	***ob*** *er* ***kommen würde***
Je lui ai demandé **si** elle **avait oublié** les fleurs.	***ob*** *sie* ***vergessen hat/habe***

LES PROPOSITIONS CONDITIONNELLES

1. Si tu as mal à l'estomac, tu .... (boire) de l'infusion de camomille.
2. Si je savais jouer de la guitare, je .... (être) content.
3. Si tu veux, tu .... (pouvoir) rester chez nous.
4. Si je n'avais pas oublié son numéro de téléphone, je .... (pouvoir) lui téléphoner maintenant.
5. Si vous voulez, je .... (passer) à la poste.
6. Si on avait de l'argent, on .... (pouvoir) aller au restaurant.
7. Si nous avions eu de l'argent, nous .... (pouvoir) aller au bar.
8. Si je n'étais pas si nerveuse, je .... (pouvoir) jouer au théâtre.
9. S'il .... (prendre) l'avion, il aurait pu participer à la réunion.
10. Si vous aviez envie, nous .... (pouvoir) faire une promenade.
11. Si j'étais riche, je m'....................................... (acheter) une Mercedes.
12. Si vous arrivez avant trois heures, ... (informer)-moi.
13. Si vous nous aviez écrit, nous .... (venir) tout de suite.
14. J'aurais visité la tour Eiffel et le Louvre si j' .... (aller) à Paris.
15. Si elle travaillait plus sérieusement, elle .... (avoir) de meilleures notes.
16. S'il .... (faire) beau demain, on ira à la plage.
17. Si Pierre a de la fièvre, il .... (devoir) rester à la maison.
18. S'il .... (tomber) malade, nous lui aurions rendu visite.
19. Si j'étais à ta place, je .... (rester) à la maison.
20. S'il pleut cet après-midi, je ne .... (sortir) pas le chien.
21. Si j' .... (avoir) le temps, je serais allé au cinéma.
22. S'il y avait eu moins de vent, on .... (pouvoir) faire une promenade en bateau.
23. Si je .... (gagner) le gros lot, je ferais le tour du monde.
24. Si Paul l'aimait vraiment, il .... (ne pas partir) aux États-Unis.
25. Si vous connaissez la vérité, vous .... (devoir) la dire!
26. Si tu avais écouté, tu .... (ne pas avoir) de difficultés.
27. Si j'............................ (avoir) une Porsche, je pourrais rouler plus vite.
28. Nous .... (pouvoir) inviter beaucoup de monde si nous avions une plus grande maison.

29. Si j'avais connu cette chanson, j'... (pouvoir) la chanter.
30. Si tu trouves les clés, ... (dire)-le tout de suite!
31. S'il .... (avoir) une maison au bord du lac, il pêcherait tous les jours.
32. Si Claudine était plus grande, elle .... (pouvoir) jouer au volley.
33. S'il avait neigé, on .... (pouvoir) faire du ski.
34. Si vous .... (avoir) un nouvel ordinateur, dites-le.
35. Si François le savait, il nous le .... (dire).
36. Si Bertrand s'était excusé, elle .... (ne pas partir) sans mot dire.
37. Si tu changes d'avis, ... (écrire)-moi!
38. S'il fait mauvais demain, nous .... (devoir) rester à la maison.
39. Tu m'... (informer), si j'étais venu?
40. Je t'aurais envoyé le paquet si tu me l' .... (demander).
41. Si tu avais eu besoin de mes livres, tu.................................. (pouvoir) les prendre.
42. Si jamais tu .... (changer) d'avis, dis-le-moi.
43. Ce serait vraiment super si tu nous .... (rendre) visite!
44. Si la police n'avait pas arrêté le gangster, la ville .... (être) alarmée.
45. Il ne sait pas s'il .... (avoir) le courage d'informer son prof.
46. Je lui .... (donner) des conseils s'il m'avait écouté.
47. S'il .... (faire) plus chaud, nous pourrions prendre le dîner sur la terrasse.
48. Si tu avais regardé la télé, tu .... (connaître) les nouvelles maintenant.
49. Si vous .... (avoir) peur, dites-le-moi!
50. Si tu travaillais plus, tu .... (être) meilleur en anglais.
51. Tu .... (être) meilleur en français si tu partais en France.
52. Si vous .... (rencontrer) Monsieur Barthou, donnez-lui ce paquet.
53. Si j'étais à sa place, je .... (s'excuser).
54. Si je n'avais pas eu d'examen, je .... (sortir) avec toi.
55. Si tu ne mets pas ton manteau, tu .... (avoir) un gros rhume!
56. Je voudrais savoir s'il .... (déjà / trouver) ses clés.
57. Si Anne ne peut pas arriver, elle nous .... (prévenir).

58. Si tu .... (se concentrer), tu aurais certainement gagné, Marie.
59. J'... (aller) au théâtre une fois par semaine si je vivais à Vienne.
60. Si grand-mère .... (ne pas perdre) ses lunettes, elle aurait pu regarder ce film.
61. Il m'a demandé si j'.. (déjà réserver) les chambres d'hôtel.
62. Ce serait très poli s'il .... (ouvrir) la porte à son amie.
63. Si tu me le permets, je te .... (poser) une question difficile.
64. Si j'avais su cela, je ne lui .... (jamais prêter) l'argent.
65. Si vous aviez fini vos devoirs, vous .... (pouvoir) aller dans le jardin.
66. Si Françoise .... (arriver) la première, dis-lui d'attendre, s'il te plaît.
67. .... (aller)-y si vous avez envie.
68. Si elle avait pris ses médicaments, elle .... (ne pas avoir) de crise cardiaque.
69. Même si elle .... (s'excuser), Claudine ne veut plus lui parler.
70. Tu .... (avoir) de beaux cadeaux si tu es tranquille maintenant.
71. Si les invités .... (être) là, informez-nous.
72. Même si elle .... (arriver) maintenant, on ne pourrait plus attendre.
73. Si tu avais connu Cyril, tu .... (être) ravi.
74. Si tu as mal à la gorge, ... (rester) au lit.
75. S'il n'avait pas eu d'ange gardien, il .... (être) mort maintenant.
76. Même si nous .... (se dépêcher), nous serions en retard.
77. Est-ce que tu pourrais me dire si les enfants .... (déjà / arriver)?
78. Si le vent est aussi fort, nous ne .... (pouvoir) pas faire de la planche à voile.
79. L'avion ne pourrait pas décoller s'il .... (continuer) à pleuvoir comme ça.
80. Elle .... (ne pas pouvoir) courir si elle a mal à la tête.
81. Elle ne veut pas aller à la fête, si François y .... (aller) aussi.
82. Si ce film était vraiment intéressant, on .... (aller) au ciné.
83. Si leur maison avait eu une assurance contre les inondations, la compagnie .... (payer) les dégâts.
84. Si tu traverses la rue, ... (être) prudent!

LE PRONOM POSSESSIF *LE MIEN / LE TIEN / LA MIENNE / LA TIENNE ...*

1. Formen:

	masculin	*féminin*	
singulier	**le** mien	**la** mienne	*der/die/das meine*
	le tien	**la** tienne	*der/die/das deine*
	le sien	**la** sienne	*der/die/das seine/ihre*
	le nôtre	**la** nôtre	*der/die/das unsre*
	le vôtre	**la** vôtre	*der/die/das eure/Ihre*
	le leur	**la** leur	*der/die/das ihre*
pluriel	**les** miens	**les** miennes	*die meinen*
	les tiens	**les** tiennes	*die deinen*
	les siens	**les** siennes	*die seinen/ihren*
	les nôtres	**les** nôtres	*die unsren*
	les vôtres	**les** vôtres	*die euren/Ihren*
	les leurs	**les** leurs	*die ihren*

2. Verwendung:

Das **pronom possessif** steht **ohne** Nomen und **immer hinter** einem Artikel bzw. **hinter dem article contracté** (voir ☺ **I** p 68). Es richtet sich in **Geschlecht** und **Zahl** nach dem **Nomen, das es ersetzt**.

Exemples:

C'est mon livre de français et voilà **le tien.**	*und hier* ***das deine***
Ce ne sont pas mes gants. Ce sont **les vôtres.**	***die Ihren, die euren***
Notre jardin est petit. **Le leur** est plus grand.	***der ihre***
Voici ma voiture et voilà **la sienne.**	*und dort* ***das seine***
J'ai mes lunettes, mais grand-mère cherche toujours **les siennes.**	***die ihren***

Mit **article contracté**:

Nous te félicitons, au nom de mes amis et **au mien.**	***in meinem (Namen)***
J'ai parlé à mon frère et Anne a parlé **au sien.**	***mit dem ihren***
Toi, tu écris à tes amis et moi, j'écris **aux miens.**	***den meinen***
Je téléphone à mes amies et Paul **aux siennes.**	***mit den seinen***
Tu as parlé de ta sœur et Pierre **de la sienne.**	***von der seinen***
C'est la clé de ton appartement? – Oui, c'est la clé **du mien.**	***von meinem***
On a parlé de vos problèmes? – Oui, on a parlé **des nôtres.**	***von den unseren***

Merke:

les miens	*auch: die Meinen, meine Angehörigen*
À **la vôtre**!	*Prost!*
A-t-il encore fait **des siennes**?	*Hat er wieder Blödsinn gemacht / verrückt gespielt?*
J'y mets **du mien.**	*Ich tue, was ich kann.*
J'y ai mis **du mien.**	*Ich habe meinen Teil dazu beigetragen.*
Il est **des vôtres**?	*Gehört er zu euch / zu Ihnen?*
parler **aux siens**	*mit den Seinen (seinen Eltern / seiner Familie / seinen Angehörigen) sprechen*

METS LES PRONOMS POSSESSIFS

1. Attends! Ce livre de français n'est pas à toi. Ce n'est pas ....
2. Est-ce que cette tartine est à toi? – Oui, c'est ....
3. Voilà l'ordinateur de mon père. C'est ....
4. Est-ce que c'est votre maison près de l'église? – Oui, c'est ....
5. Cet appartement appartient aux Legrand. C'est ....
6. C'est .... , ce parapluie-là, Madame?
7. C'est le cadeau des enfants. C'est ....
8. J'ai garé ma voiture juste en bas. Où est-ce que vous avez garé .... , Monsieur?
9. C'est ton frère? – Oui, c'est ....
10. La maison des voisins est petite. – Oui .... est vraiment petite.
11. Tiens, tes gants. – Non, ... sont à la maison.
12. Ces clés appartiennent à papa. Ce sont ....
13. Ce n'est pas mon chapeau. Ce serait peut-être ...., Monsieur?
14. Tes affaires sont par terre! – Ce ne sont pas ....
15. Il cherche toujours ses clés. Il cherche toujours ....
16. Leur jardin est plus beau que notre jardin. .... est plus beau que ....
17. Rangez vos affaires! – Mais ce ne sont pas .... !
18. J'ai oublié mes devoirs et Julien a oublié ....
19. J'ai vu ton prof de français. – ....? Où ça?
20. N'oubliez pas vos clés. – Non, merci nous avons ....
21. Range tes jouets! – Ce ne sont pas ....
22. J'ai déjà téléphoné à mes parents, tu pourrais téléphoner ....
23. Je dois encore parler à mon père, et toi ....
24. Il parle toujours de ses problèmes. Il ne parle que ....
25. J'ai écrit à mes amies et Barbara a écrit ....
26. On a trouvé les clés des Ledoux. – Vraiment, vous avez trouvé .... ?
27. Il t'a déjà rendu tes chaussures? – Non, il ne m'a pas encore rendu ....
28. Nous avons parlé de leurs idées. Nous avons parlé ....
29. Elle parle toujours de ses enfants. Seulement ....
30. Ce sont mes lettres, Anne. .... sont là-bas.
31. Tu as vu mes livres? – .... ? Non, pas encore.
32. Ils ont parlé de ton ami? – Oui, ils ont parlé ....
33. Tu trouves ma jupe trop courte? – Oui, ... est vraiment trop courte.
34. Elle parlera à sa sœur? – Oui, elle parlera ....
35. Marie rêve de ton frère? – Oui, elle rêve ....
36. Il ne parle que de ses idées. Il parle toujours ....
37. Tu as déjà répondu à sa lettre? – Oui, j'ai déjà répondu ....

LES PRONOMS INTERROGATIFS
LEQUEL / LAQUELLE / LESQUELS / LESQUELLES ?
welcher / welche / welches ...?

Formen:	***masculin***	***féminin***
	lequel	**laquelle**
	lesquels	**lesquelles**

Merke:
Die Pronomen werden **in Zahl und Fall** an das Substantiv **angeglichen**, welches sie ersetzen. Sie werden mit den **Präpositionen *à*** und ***de*** **verbunden**.

à + le	⇨	**auquel**
à + la	⇨	**à laquelle**
à + les	⇨	**auxquels / auxquelles**
de + le	⇨	**duquel**
de + la	⇨	**de laquelle**
de + les	⇨	**desquels / desquelles**

Exemples:

Je voudrais acheter cette robe. – **Laquelle**?	*Welches?*
Tu as vu ce film hier? – **Lequel**?	*Welchen?*
Il connaît tous les numéros de téléphone. – **Lesquels**?	*Welche?*
J'ai perdu mes chaussures. – **Lesquelles**?	*Welche?*
Je pense à un livre. – **Auquel**?	*An welches?*
Il a écrit à sa cousine. – **À laquelle**?	*An welche?*
Il pense à ses amis. – **Auxquels**?	*An welche?*
Luc a parlé de son frère. – **Duquel**?	*Von welchem?*
Il rêve de ces filles. – **Desquelles**?	*Von welchen?*

METS LES PRONOMS INTERROGATIFS *LEQUEL / LAQUELLE / LESQUELS / LESQUELLES*

Ajoute **à** et **de** quand c'est nécessaire:

1. Voici les peintures. .... vous plaît le plus?
2. Papa voudrait des cigarettes. – .... voudrait-il?
3. Regarde, ... de ces cravattes serait plus jolie pour papa?
4. Je voudrais acheter des foulards. .... préfères-tu?
5. Votre amie est arrivée. – .... ?
6. Les invités sont là. – .... ?
7. .... des deux gagnera? Paul ou Pierre?
8. C'est .... , ton chapeau?
9. C'est .... , ta moto?
10. Les tartes sont toutes formidables. .... avez-vous choisie?
11. Je lui ai demandé .... de ces livres il veut lire.
12. Tu désires encore un dessert? – ....?
13. Des oranges, Pierre? – ....?
14. .... de tes tantes as-tu écrit?
15. .... des profs tu t'es adressé la semaine dernière?
16. Ce sont .... , tes cigarettes?
17. Nous avons deux sortes de thé. .... avez-vous choisie?
18. J'aime ces tartes. .... as-tu déjà goûté?
19. C'est .... , votre maison, Madame?
20. Il a commandé des cigarettes. – ....? – Des Gauloises, je crois.
21. Ce sont .... , tes gants? – Les bleus.
22. Tu as déjà appris cette nouvelle? – ....?
23. Il s'intéresse à la peinture. – ....? – À la peinture abstraite.
24. J'ai lavé ton pull. – ....?
25. Je lui ai donné mon sac. – ....? – Le noir.
26. Ils ont oublié leurs devoirs. – ....? – Leurs devoirs de français.
27. Nous avons de la crème au chocolat ou au caramel. .... est-ce que je vous offre?
28. Tu veux des bonbons? – Oui, volontiers. – ....?
29. .... de ses amies viendra avec nous?
30. Elle a beaucoup de problèmes. – ....?
31. On a eu des tas d'idées. – ....?
32. Il aime bien les bandes dessinées. – ....? – Celles de Walt Disney.
33. C'est .... , ton parapluie?
34. .... de ses amis viendront ce soir?
35. J'ai écrit à mon ami. – ....?
36. Il parle de sa sœur. – ....?

LE PRONOM RELATIF *DONT*

Voir d'abord :
les pronoms relatifs ***qui*** (☺ **II** p 90), ***que, ce qui, ce que, où*** (☺ **III** p 16/17)

Verwendung:
Dont wird für Ergänzungen mit **de (du, de la, des)** verwendet.
Es ist **unveränderlich** und ersetzt **Personen** und **Dinge**,
sowohl im **Singular** als auch im **Plural**.
Nach **dont** steht die **normale** Wortfolge: **S**ubjekt - **P**rädikat - **O**bjekt.

s'occuper **de** ⇨ Le bébé **dont** Marie s'occupe a trois mois.
*Das Baby, **um das** Maria sich kümmert, ist drei Monate.*

parler **de** ⇨ Le livre **dont** il a parlé a 1200 pages.
*Das Buch, **von dem** er sprach, hat 1200 Seiten.*

discuter **de** ⇨ La situation **dont** on a discuté est affreuse.
*Die Situation, **über die** man diskutierte, ist schrecklich.*

voir la photo **de** qc. ⇨ La moto **dont** tu as vu la photo appartient à Luc.
*Das Motorrad, **dessen** Photo du gesehen hast, gehört L.*

être content **de** ⇨ L'étang **dont** ils sont très contents est limpide.
*Der Teich, **mit dem** sie sehr zufrieden sind, ist glasklar.*

rêver **de** ⇨ C'est la voiture **dont** elle rêve.
*Das ist das Auto, **von dem** sie träumt.*

avoir besoin **de** ⇨ Voilà les CD **dont** j'ai besoin.
*Hier sind die CDs, **die** ich brauche.*

se servir **de** ⇨ Les moyens **dont** tu te sers sont terribles.
*Die Mittel, **derer** du dich bedienst, sind schrecklich.*

être originaire **de** ⇨ La famille **dont** elle est originaire est très riche.
*Die Familie, **aus der** sie stammt, ist sehr reich.*

Merke:

C'est **ce dont** il s'agit.	*Das ist es, **worum** es sich handelt.*
C'est **tout ce dont** tu as besoin?	*Ist das **alles, was** du brauchst?*
Elle a trois enfants **dont** deux garçons.	*Sie hat 3 Kinder **darunter** 2 Buben.*
Il a 100 films vidéo **dont** 30 de Disney.	*... **davon** 30 von Disney.*
C'est Madame Nace **dont** le mari est mort.	*... **deren** Mann gestorben ist.*

METS LES PRONOMS RELATIFS

1. Voilà les tickets .... j'ai cherchés.
2. La maladie .... il est mort était le cancer.
3. C'était Madame Machat .... nous avons rencontrée hier.
4. Où sont les tickets .... tu nous as parlé?
5. Tu vois l'homme .... traverse la rue? C'est Monsieur Gilot .... je t'ai parlé hier.
6. C'est Claudine .... t'a parlé au téléphone?
7. Voilà Pierre .... tu connais déjà les parents.
8. Je ne comprends pas .... s'est passé hier.
9. J'irai au concert des Scorpions .... j'ai presque tous les CD.
10. C'est Marie .... nous a écrit cette carte postale.
11. Voilà l'article de journal .... je t'ai parlé.
12. C'est seulement son père .... je voudrais voir.
13. Il a environ 3000 livres .... 2000 en français.
14. C'est toujours François .... arrive en retard.
15. Elle veut bien sortir avec Bertrand .... elle aime bien le charme.
16. C'est Monsieur le directeur, à .... je voudrais parler.
17. C'est Madame Pujol .... le mari travaille à Toulouse.
18. Il n'ouvre jamais la porte aux collègues, ... est très impoli.
19. Ce sont les touristes .... prennent beaucoup de photos.
20. La femme .... tu m'as parlé est divorcée.
21. C'est vous .... m'avez informé, Monsieur?
22. Ce n'est pas l'amour .... nous voulons parler ce soir.
23. C'est mon père .... a acheté un nouvel ordinateur.
24. C'est l'affaire Pessaud .... je voudrais vous parler.
25. J'ai invité Madame Verdier .... vous connaissez bien.
26. Les enfants .... la mère travaille toute la journée sont toujours seuls.
27. Paris .... il connaît toutes les curiosités est sa ville préférée.
28. Je te présente ma fiancée, ... je t'ai déjà parlé.
29. Ce sont les glaces et les chocolats .... elle adore.
30. Achète donc les affaires .... tu as besoin.
31. C'étaient les vacances les plus belles .... je me souviens.
32. Voilà la tasse de thé .... tu avais envie.
33. Parle-nous de .... tu as vu à Paris.
34. Tu connais cette maison .... la clôture de jardin est toute rouge?
35. C'est une faute .... tu es responsable toute seule.
36. Ce sont les amis .... vont au match de foot.
37. Je te présente Monsieur Ligot .... je t'ai déjà parlé.
38. Voilà les photos .... il a prises et .... il est vraiment fier.
39. Elle s'en est allée sans mot dire, ... était très choquant.
40. C'est Pierre .... elle rêve toujours.

41. Super! Tu as les livres .... j'ai besoin.
42. J'ai invité Madame Espié .... vous connaissez bien le mari.
43. C'est toi .... veux aller en France cet été?
44. Regarde cette photo .... montre Pierre et moi au bord de la mer.
45. Voilà les photos .... j'ai prises pendant les vacances.
46. Les amis .... on a invités sont venus à l'heure.
47. Ce sont les filles .... je t'ai montré les photos.
48. La fille .... la mère est prof de français, s'appelle Monique.
49. Linz est la ville .... Madame Maier est née.
50. Les personnes .... deux sont grièvement blessées ont été transportées à l'hôpital.
51. Il fait toujours .... il veut.
52. C'est exactement .... je voudrais vous parler.
53. Dis-moi .... t'intéresse.
54. Il se plaînt de son mal de tête .... on ne connaît pas l'origine.
55. C'est tout .... il faut savoir.
56. J'ai vu ce film .... dure plus de trois heures.
57. Les lunettes .... grand-mère a perdues étaient dorées.
58. Elle a passé une soirée merveilleuse .... elle se souviendra pour toujours.
59. Mon fromage préféré est la «Vache .... rit».
60. Hier nous sommes passés par Wels .... mon mari est né.
61. Madame Pugeol, ... habite en banlieue, va en ville tous les matins.
62. François a écrit une lettre .... était très longue.
63. Voici les sandwichs .... tu as demandés.
64. L'affaire .... il nous a parlé était très intéressante.
65. Le souvenir .... je t'ai parlé est d'Espagne.
66. J'ai trouvé tes gants .... tu avais besoin.
67. Elle est amoureuse de Bertrand .... le père est pilote.
68. Achète le riz .... la boîte est verte.
69. Monsieur Verlain .... vous avez parlé hier est l'oncle de Fernand.
70. La catastrophe .... il est responsable est fatale.
71. Elle aime faire les achats au marché .... elle trouve tout .... elle a besoin.
72. Voilà la liste des amis .... j'ai invités.
    C'est la liste .... je t'ai déjà parlé.
73. Elle a peur de la chambre .... elle était enfermée.
74. Le jeune garçon .... il a parlé est le frère de Nathalie.
75. Nous avons visité l'exposition .... tout le monde est enchanté.
76. C'est encore un peu de rhum .... j'ajoute?
77. Voilà le restaurant chinois .... j'ai dîné avec mes parents.
78. On ne sait ni le jour .... il est arrivé ni celui .... il est reparti.

LES PRONOMS RELATIFS *LEQUEL / LAQUELLE / LESQUELS / LESQUELLES*

1. Als **Relativpronomen** bezieht sich **lequel** / **laquelle** / **lesquels** / **lesquelles** vorwiegend auf **Dinge und Tiere**.
Es steht immer gemeinsam mit **Präpositionen**.
Es wird mit den **Präpositionen *à*** und ***de*** **verbunden** zu **auquel / auxquels / auxquelles / duquel / desquels / desquelles.**

Voilà le métro **avec lequel** elle va au travail.
Elle doit porter ses lunettes **sans lesquelles** elle ne voit plus rien.
Les vacances **pour lesquelles** ils ont travaillé toute l'année arrivent enfin.
Voilà le livre grâce **auquel** il a réussi à l'examen.
La fête **à laquelle** il pense toujours était extra.
L'église **près de laquelle** elle habite vient d'être rénovée.
Le parc **près duquel** Monique habite est grand.

2. Für Personen ziehen wir die Konstruktion:
präposition + qui vor. (pronom relatif **qui,** ☺ **III** p 16)

L'ami **avec qui** elle est partie en vacances est François Pugeol.
Elle attend Pierre **sans qui** elle ne part jamais.
Voilà ma tante **chez qui** nous avons passé nos vacances.
Tiens, voilà Pilou, **à qui** je voudrais parler.

3. Um **Personen** zu **verdeutlichen** müssen wir jedoch **lequel** / **laquelle** / **lesquels** / **lesquelles** verwenden.

J'ai téléphoné à **la sœur** de Bertrand, **laquelle** habite à Paris.
***welche** in Paris wohnt*

J'ai téléphoné à la sœur de **Bertrand**, **lequel** habite à Cannes.
***welcher** in Cannes wohnt*

4. Nach **parmi** *(unter)* und **entre** *(zwischen)* muss jedoch aufgrund der Aussprache **immer** **lesquels / lesquelles** stehen, für **Personen** und **Dinge**.

Ce sont les filles **parmi** **lesquelles** elle a trouvé beaucoup d'amies.
Les deux hommes **entre** **lesquels** elle devait se décider étaient très gentils, tous les deux.

5. Nach **Substantiven mit Präposition** muss als **Genitiv** **immer** **duquel / de laquelle / desquels / desquelles** stehen, für **Personen** und **Dinge**.

C'est une maison très grande sur la terrasse **de laquelle** on a une vue merveilleuse.
auf (Präposition) *dessen* (Genitiv) *Terrasse* (Substantiv)

Le château de Schönbrunn dans les jardins **duquel** on peut se promener est visité par de nombreux touristes.
in (Präposition) *dessen* (Genitiv) *Gärten* (Substantiv)

LE PRONOM RELATIF *QUOI*

Für ***quoi*** als Interrogativpronomen (Fragepronomen) siehe ☺ **I** p 30/5.

Quoi ist die neutrale, betonte Form zu **que**.
Es bezieht sich nur auf **Dinge** und steht **nur nach Präpositionen**.

***Quoi* muss verwendet werden**:

1. Nach **unbestimmten Ausdrücken** wie:
ce, ça, rien, quelque chose, chose + Präposition

C'est quelque chose **à quoi** mon frère s'intéresse.	*... **wofür** er sich interessiert.*
Malheureusement il n'a rien **à quoi** il s'intéresse.	*... nichts **wofür** ....*
S'il savait ce **à quoi** elle pense.	*Wenn er wüsste, **woran** sie denkt.*
Ce **à quoi** elle tient c'est sa fidélité.	***Worauf** sie Wert legt, ist seine Treue.*
Il n'a rien **avec quoi** payer ses dettes.	*Er hat nichts, **womit** er seine Schulden bezahlen könnte.*

2. Als **Bezug** auf einen **ganzen Satz** nach **Präpositionen**.

Elle s'est vraiment fâchée, **après quoi** elle est partie.	***woraufhin***
Il l'a battue, **après quoi** elle l'a quitté.	***woraufhin***
Il croit qu'elle l'aime, **en quoi** il se trompe.	***worin***
Il a travaillé toute l'année, **après quoi** il a pris congé pour deux mois.	

3. Nach **Präpositionen, die zum Verb des Relativsatzes** gehören.

Je ne comprends pas **à quoi** ça sert. (servir à)	***wozu** das dient*
On n'a pas su **de quoi** il a parlé tout le temps. (parler de)	***worüber***
As-tu compris **de quoi** ils ont ri? (rire de)	***worüber***

Merke folgende **Ausdrücke**:

Tu as **de quoi** écrire?	*Hast du etwas zum Schreiben?*
J'ai **de quoi** vivre.	*Ich habe genug zum Leben.*
Il n'y a pas **de quoi** rire.	*Es gibt nichts zu lachen.*
Merci beaucoup, Luc. – Il n'y a pas **de quoi**.	*Nicht der Rede wert. / Keine Ursache. / Gern geschehen. (familiär)*

LES PRONOMS RELATIFS – RÉSUMÉ
Die Relativpronomen – Zusammenfassung

QUI	**Subjekt**, für **Personen** und **Dinge**	un ami **qui** m'aime un livre **qui** me plaît
	nach Präpositionen für **Personen**	l'ami avec **qui** elle vit l'homme à **qui** elle pense
☺ **III** p 16/1 ☺ **IV** p 71/2		

QUE/QU'	**Objekt**, für **Personen** und **Dinge**	un ami **que** j'aime un livre **que** je voudrais lire
	für **Zeit**	chaque fois **que** *jedesmal wenn* la première fois **que**
	für **prädikative Ergänzungen**	fou **que** j'étais *dumm wie ich war*
☺ **III** p 16/2		

DONT	**statt Ergänzungen** mit *de* für **Personen** und **Dinge**	Paul **dont** la mère est morte le livre **dont** j'ai besoin l'ami **dont** tu as vu la photo
	mit ***ce*** nach **tout, c'est** Wortstellung: dont + Subjekt + Verb	**C'est** *ce* **dont** il s'agit. **C'est tout** *ce* **dont** j'ai besoin.
☺ **IV** p 68		

LEQUEL **LAQUELLE** **LESQUELS** **LESQUELLES**	nach **Präpositionen** für **Dinge** **Verschmelzung** mit **à** und **de**	le film **auquel** je pense la raison pour **laquelle** les films **auxquels** il s'intéresse les vacances pendant **lesquelles**
	immer nach **parmi/entre**: **Personen**	Les enfants **parmi lesquels** ...
	Dinge	Les poupées **entre lesquelles** ...
	für **Personen** zur **Unterscheidung**	La sœur de Luc, **laquelle** habite .. La sœur de Luc, **lequel** habite ...
☺ **IV** p 71/72		

LES PRONOMS RELATIFS – RÉSUMÉ
Die Relativpronomen – Zusammenfassung

OÙ	für **Ort** und **Zeit**	Le pays **où** il est né La ville d'**où** elle vient Le jour **où** je suis né(e)
☺ **III** p 17/5		

CE QUI	**Subjekt**, für **Sachverhalt**	Je sais **ce qui** se trouve dans ... Il sait **ce qui** m'intéresse.
	nach **tout**, **rien**	C'est **tout** **ce qui** me reste.
	auf **vorherigen Satz bezogen**	Il m'a menti, **ce qui** me rend triste.
☺ **III** p 17/3		

CE QUE	**Objekt**, für **Sachverhalt**	Il sait **ce que** je voudrais.
	nach **tout**, **rien**	C'est **tout** **ce que** je veux.
	auf **vorherigen Satz bezogen**	Il m'a menti, **ce que** je n'aime pas.
	für **prädikative Ergänzungen**	Il est fier de **ce qu'**il a fait.
☺ **III** p 17/4		

QUOI	nach **unbestimmten Ausdrücken** + **Präposition (ce, ça, chose)**	**ce à quoi** il pense **ce à quoi** elle tient
	als **Bezug auf vorherigen Satz** + **Präposition**	Il a attendu dix minutes, **après quoi** il est parti. Il croit qu'elle est partie, (ce) **en quoi** il se trompe.
	fixe Ausdrücke	Il n'a rien avec **quoi** écrire. *nichts womit er schreiben könnte* J'ai de **quoi** vivre. *Ich habe genug zum Leben.* Nous avons de **quoi** rire. *Wir haben etwas zu lachen.* Il n'y a pas de **quoi**. *Keine Ursache. / Gern geschehen. (umgangssprachlich)*
☺ **IV** p 73		

METS LES PRONOMS RELATIFS QUI CONVIENNENT

1. Les deux solutions entre .... elle devait choisir n'étaient pas bonnes.
2. Le magasin .... je t'ai parlé est trop cher pour nous.
3. C'est un film .... m'intéresse beaucoup.
4. Nous avons réservé un hôtel .... les chambres sont vraiment jolies.
5. Voilà le bus avec .... elle va en ville tous les jours.
6. Anne va chez Sophie avec .... elle prépare un exposé.
7. Il a rencontré toute sa famille parmi .... sa tante Henriette est sa préférée.
8. De qui est la lettre .... tu es en train de lire?
9. Le concert .... il pense toujours était super.
10. Marie à .... j'ai essayé de téléphoner ce matin est malade.
11. Le garçon .... les parents sont morts vit chez les Legrand maintenant.
12. Il pense encore à .... s'est passé à Paris l'an dernier.
13. Ce ne sont pas les problèmes .... je veux parler tout le temps.
14. La carte postale .... est arrivée hier est de Madame Garnier.
15. L'armoire .... tu as vu la photo a 200 ans.
16. La maison près de .... se trouve le parc est très chère.
17. C'est tout .... vous avez besoin pour le week-end?
18. Grand-mère cherche ses lunettes sans .... elle ne peut plus lire.
19. Les élèves avec .... elle veut aller à Paris sont très gentils.
20. Ils achètent des cadeaux de Noël pour .... ils ont épargné de l'argent toute l'année.
21. Tu peux acheter .... te plaît le mieux.
22. L'histoire .... les lycéens doivent faire un résumé est trop longue.
23. Elle est toujours en retard, ... m'énerve.
24. Les filles entre .... Fernand était assis étaient très charmantes.
25. Son argent c'est tout ce à .... il pense.
26. La fête .... il rêve toujours est en mai.
27. Tu ne peux pas toujours faire .... tu veux.
28. Les correspondantes parmi .... elle pouvait choisir étaient de toute l'Europe.
29. Le milieu familial .... il sortait était mauvais.
30. J'ai parlé à la cousine de Monsieur Renoir, ... habite à Paris.
31. C'est tout .... nous avons besoin.
32. Sa maladie, à cause de .... il ne peut pas partir en vacances est très grave.

33. C'est la cousine à .... il voudrait parler.
34. J'ai reçu une lettre de la mère de Pierre, ... vit en Angleterre.
35. Son examen est tout .... il s'occupe ces jours-ci.
36. Voici une photo .... représente leur voisine.
37. Regarde le vase .... j'ai acheté au marché aux puces.
38. Julia Roberts joue dans le film .... je pense.
39. C'est Michel .... je connais les grands-parents.
40. Il était en retard, ... m'a mis en colère hier.
41. Voici le livre à l'aide .... j'ai réussi à l'examen.
42. Ce sont les garçons parmi .... Marc a trouvé beaucoup d'amis.
43. Vienne c'est la ville .... Monsieur Müller est né.
44. Voici le cadeau pour .... il s'est décidé.
45. Je ne sais pas ce à .... il pense toujours.
46. Le stylo vert avec .... j'ai écrit les cartes d'anniversaire est mon stylo préféré.
47. Il a des papillons parmi .... quelques-uns se trouvent .... sont très rares.
48. Il était en Bretagne, une région française, ... la beauté l'a surpris.
49. Enfin elle a trouvé une amie .... la comprend.
50. C'est la seule faute .... elle a trouvée.
51. La maison .... il vit est très vieille.
52. Mon ami avec .... je voulais partir en ville est malade aujourd'hui.
53. Voilà mon prof d'allemand en .... j'ai confiance.
54. Merci, Madame. – Il n'y a pas de ....
55. Elle a acheté des oranges parmi .... il y en avait qui étaient pourries.
56. Voici la femme sans l'aide de .... il n'aurait pas réussi.
57. La ville d'.............................. il vient est très calme.
58. Voilà la lettre à .... vous devez répondre aujourd'hui.
59. Les fleurs .... étaient sur la table et .... tu as mises dans le vase étaient pour maman.
60. L'homme avec .... tu as vu Henriette est son frère.
61. Les enfants parmi .... se trouvent seulement deux filles font un cours de crochet.
62. C'est le frère de Madame Durand, ... est morte en été.
63. Est-ce que tu as de .... vivre?
64. Une Mercedes c'est quelque chose .... il aime rêver.
65. Il faut oublier tout .... tu as vu aujourd'hui.
66. Attendez! Vous avez tout .... vous avez besoin?
67. Elle m'a menti, ... m'énerve.
68. Elle n'a personne à .... elle pourrait parler franchement.
69. Voilà la robe avec .... je suis allée au bal.

70. Voilà le costume pour .... on a payé trop d'argent.
71. Vendredi, c'était le jour .... j'étais à la maison seul.
72. On n'a pas compris .... elle se plaint tout le temps.
73. C'est l'ami .... elle pense toute la journée.
74. Voilà la famille Colbert, ... on va partir en vacances cet été.
75. Voilà les projets pour la réalisation .... il a travaillé pendant trois ans.
76. .... elle n'aime pas du tout c'est sa jalousie.
77. Ce sont mes élèves .... ont participé à l'excursion à Paris en octobre.
78. Voilà le chat .... je me suis occupé pendant l'absence de ma voisine.
79. C'est quelque chose .... il ne comprendra jamais.
80. Voilà le chien .... Marie donne toujours des os.
81. La fête était ennuyeuse. Il n'y avait que des gens .... je ne connaissais pas.
82. Voilà son chien, ... elle pardonne tout.
83. Thomas a reçu le cadeau .... il avait désiré depuis longtemps.
84. On n'a pas su .... il a parlé tout le temps.
85. Voilà le cadeau .... Thomas est très content.
86. La prof .... les élèves se plaignent toujours est la prof de français.
87. Voilà les bonbons préférés .... elle achète toujours.
88. Le 11 septembre, c'est le jour .... elle a rencontré Charles pour la première fois.
89. C'est une histoire .... je ne voudrais rien savoir.
90. Nous sommes passés par l'usine .... mon père a travaillé.
91. Voilà la fille .... la mère travaille au lycée.
92. Il ne nous a pas aidés, ce .... je penserai toujours.
93. J'ai perdu la clé de l'armoire .... j'avais caché les cadeaux de Noël.
94. Nous avons réservé les chambres .... les fenêtres donnent sur la mer.
95. C'est une histoire .... nous ne savons pas les moindres détails.
96. Je suis désolée, mais c'est un homme .... je ne me souviens plus.
97. .... il ne pense jamais, c'est à son travail.
98. 2010 est l'année .... il est tombé malade.
99. C'est la ville .... nous connaissons tous les inconvénients.
100. C'est tout .... il pense toute la journée.
101. C'est moi .... ai dit cela.
102. Elle l'a appelé imbécile, après .... il l'a quittée.
103. .... nous étonnait c'était sa collection de pierres.
104. Tu ne veux pas savoir .... ça sert?
105. La lettre .... est arrivée ce matin est de Monsieur Breton.
106. Les Machat ont quatre enfants .... deux filles.
107. C'est l'anniversaire de Paul, ... il a pensé toute la journée.
108. Vienne c'est la ville .... elle a fait ses études.
109. Le chien .... elle s'occupe est le chien de Madame Garnier.

LA VOIX PASSIVE *Das Passiv*

A. Bildung:

Das Passiv wird gebildet aus den verschiedenen Zeiten des Hilfsverbs **être + Partizip Perfekt**.
Das **Partizip** wird in **Geschlecht und Zahl** mit dem **Subjekt übereingestimmt**.
Nur Verben, **die eine Ergänzung im 4. Fall nach sich haben, können ein Passiv bilden**. (Ausnahme: siehe **Merke 3, p 81**)

Infinitif présent:	(devoir/falloir/pouvoir/vouloir)	*eingeladen werden*
	être **invité(e)(s)**	*(sollen / müssen / können / wollen)*
Infinitif passé:	avoir **été invité(e)(s)**	*eingeladen worden sein*
Présent:	je suis **invité(e)**	*ich werde eingeladen*
	tu es **invité(e)**	*du wirst eingeladen*
	il est **invité**	*er wird eingeladen*
	elle est **invitée**	*sie wird eingeladen*
	on est **invité**	*man wird / wir werden eingeladen*
	nous sommes **invité(e)s**	*wir werden eingeladen*
	vous êtes **invité(e)(s)**	*ihr werdet / Sie werden eingeladen*
	ils sont **invités**	*sie werden eingeladen*
	elles sont **invitées**	*sie werden eingeladen*
Imparfait:	j'étais **invité(e)**	*ich wurde eingeladen*
Passé composé:	j'ai été **invité(e)**	*ich bin eingeladen worden*
Plusque parfait:	j'avais été **invité(e)**	*ich war eingeladen worden*
Futur:	je serai **invité(e)**	*ich werde eingeladen werden*
Futur antérieur:	j'aurai été **invité(e)**	*ich werde eingeladen worden sein*
Conditionnel I:	je serais **invité(e)**	*ich würde eingeladen werden*
Conditionnel II:	j'aurais été **invité(e)**	*ich würde eingeladen worden sein = ich wäre eingeladen worden*

Das **Objekt des Aktivsatzes** wird zum **Subjekt des Passivsatzes**.

Nous aimons **Sylvie**.	Un camion a écrasé **le chien.**
Sylvie est aimée **de** nous.	**Le chien** a été écrasé **par** un camion.

De wird <u>vorwiegend</u> verwendet um
einen **Zustand**, ein **Werkzeug**, ein **Mittel,** eine **Gefühlsäußerung**
(aimer, adorer, admirer, apprécier *(schätzen)*, **estimer** *(schätzen)*, **détester, haïr)**
auszudrücken.
Weiters steht ***de*** <u>manchmal</u> nach: **accompagner, suivre, ignorer, entourer** *(umgeben)*, **précéder** *(vorausgehen)*,
und <u>meist</u> nach **connaître.**

Der **Urheber der Handlung** wird <u>meist</u>
durch ***par*** **hervorgehoben**.

B. Verwendung:

Das Passiv wird im Französischen **seltener** als im Deutschen verwendet.
Durch das Passiv wird der **Handelnde** besonders **hervorgehoben**.
Es findet sich **sehr häufig** in **Zeitungsberichten**.

Merke 1: Ist der **Handelnde nicht wichtig** oder wird er **nicht genannt**, so zieht man im Französischen eine Konstruktion mit ***on + forme active*** vor.

En Autriche **on** parle allemand.	*In Österreich wird Deutsch gesprochen.* *In Österreich spricht man Deutsch.*
On frappe à la porte.	*Es klopft an der Tür. / Es wird an der Tür geklopft.* *Man klopft an der/die Tür.*
On t'a appelé au téléphone.	*Man hat dich am Telefon verlangt.* *Du bist am Telefon verlangt worden.*
On l'avait dérangée?	*Hatte man sie gestört?* *War sie gestört worden?*

Merke 2: Statt des deutschen Passivs verwendet man im Französischen bei einigen Verben häufig eine **Reflexivkonstruktion,** bes. um
– **allgemeingültige Tatsachen**
– **gewohnheitsmäßige Handlungen** oder
– **Handlungen, die gerade ablaufen,** auszudrücken.

Le champagne **se boit** frais.	*Der Champagner wird kühl getrunken.*
Ce gâteau **se mange** chaud.	*Dieser Kuchen wird warm gegessen.*
Ce médicament **se prend** le matin.	*Dieses Medikament nimmt man am Morgen.*
Sonner **s'écrit** avec deux « n ».	Sonner *schreibt man mit zwei « n ».*
Ce mot **se prononce** autrement.	*Dieses Wort wird anders ausgesprochen.*
Le français **se parle** aussi au Maroc.	*Französisch spricht man auch in Marokko.*
Cela ne **se dit** pas.	*Das sagt man nicht.*
Cela ne **se fait** pas.	*Das tut man nicht.*
La porte **s'ouvre**.	*Die Tür öffnet sich / geht auf.*
Ses livres **se vendent** bien.	*Seine Bücher verkaufen sich gut.*
Ce mot ne **s'emploie** plus.	*Dieses Wort wird nicht mehr verwendet.*
Ce pull **se lave** à 30°.	*Dieser Pullover wird bei 30° gewaschen.*
Ce livre **se lit** facilement.	*Dieses Buch liest sich leicht.*
Le film **se termine**.	*Der Film hört gerade auf.*
Le tricotage **s'apprend** facilement.	*Das Stricken erlernt man leicht.*
Ce jeu **se joue** à trois.	*Dieses Spiel spielt man zu dritt.*
Cela **se comprend**.	*Das versteht sich von selbst.*
Cela **se discute**.	*Darüber lässt sich streiten.*
Le château **se voit** de loin.	*Das Schloss sieht man von weitem.*
Ça ne **se voit** pas.	*Das fällt nicht auf.*
Le gâteau **se prépare** avec peu de beurre.	*Der Kuchen wird mit wenig Butter zubereitet.*

Merke 3: Folgende drei Verben können, **anders als im Deutschen**, ein Passiv bilden:
obéir à qn., **désobéir** à qn., **pardonner** à qn.

Il **a été obéi**.	*Man hat ihm gehorcht.*
Juliette **sera désobéie**.	*Man wird Juliette nicht gehorchen.*
Elle **est pardonnée**.	*Man verzeiht ihr.*

Vergleiche:

On ferme la porte.	*Man schließt die Tür. / Die Tür wird geschlossen.*	**(Vorgang)**
La porte **est fermée**.	*Die Tür ist geschlossen / ist zu.*	**(Zustand)**
La porte **est fermée par** Paul.	*Die Tür wird von Paul geschlossen.*	**(Handlung)**
La porte **se ferme**.	*Die Tür schließt sich / geht zu.*	**(Vorgang ohne Nennung des Handelnden)**

TRADUIS

1. Die Rechnung (*la facture*) wird von meinem Vater bezahlt.
2. Barbara wird von allen geschätzt (*apprécier*).
3. Unser Onkel hilft uns.
4. Nicole wurde von einem kleinen Hund verfolgt (*suivre*).
5. Die Häuser sind durch das Wasser zerstört worden (*détruire*).
6. Die Eltern werden ihren Kindern helfen.
7. Der Brief ist von Herrn Dupont geschrieben worden.
8. Man verzeiht Ihnen, mein Herr.
9. Seine Tasche ist gestohlen worden (*voler*).
10. Das Haus wird wieder aufgebaut werden (*reconstruire*).
11. Man hätte das Fenster geöffnet.
12. Herr Legrand wurde von seiner Gemahlin (*épouse*) begleitet (*accompagner*).
13. Die Tür wird um 8 Uhr abends geschlossen werden.
14. Man hat ihr verziehen (*pardonner*).
15. Die alte Dame ist von einem roten Auto verletzt worden.
16. Die Brücke ist vom Feuer zerstört worden (*démolir*).
17. Das Datum des Festes wird morgen fixiert werden.
18. Dieser Pullover wird mit der Hand gewaschen.
19. Unsere Wohnung wird einmal pro Woche gereinigt.
20. Die Häuser wären durch die Lava (*la lave*) zerstört (*détruire*) worden.
21. Mein Auto wird nächste Woche repariert (*réparer*) werden.
22. Der Einbrecher (*cambrioleur*) wurde von der Polizei befragt (*interroger*).
23. Frau Garnier wird am 5. Mai operiert (*opérer*) werden.
24. Die Koffer wurden am Flughafen (*aéroport*) kontrolliert (*contrôler*).
25. Frau Ledoux ist von ihrem Mann begleitet worden (*accompagner*).
26. Das Paar (*le couple*) ist von Herrn Bonaure überrascht worden (*surprendre*).
27. Diese Professorin wird von allen gehasst (*haïr*) und gefürchtet (*craindre*).
28. 'Italienisch erlernt man leichter als Französisch' denkt Frau Costantini.
29. Das 'e' spricht man nicht aus (*prononcer*).
30. Man hat uns gehorcht (*obéir*).
31. Dein Kleid hätte mit 40° gewaschen werden sollen.
32. Das neue Videospiel wird von Herrn Breton installiert.
33. Die Photos von Weihnachten werden nächste Woche entwickelt werden (*développer*).
34. Das ganze Haus wird von Papa allein geputzt (*nettoyer*).
35. Seine Bücher werden auf Französisch übersetzt werden.
36. Das Auto wird von Frau Legrand verkauft werden.
37. Das Haus ist von großen Bäumen umgeben (*entourer*).
38. Das versteht sich (*comprendre*) von selbst.
39. Der Turm (*la tour*) ist wieder aufgebaut (*reconstruire*) worden.

LES PRONOMS DÉMONSTRATIFS
CELUI / CELLE / CEUX / CELLES
derjenige, der / diejenige(n), die

Voir aussi **l'adjectif démonstratif** ***ce, cet, cette, ces*** (☺ **II** p 68).

	Singulier	*Pluriel*
Masculin	**celui**	**ceux**
Féminin	**celle**	**celles**

Mon manteau est comme **celui** de mon amie. *wie derjenige / jener meiner Freundin*
Quelle voiture est-ce que tu as lavée?– **Celle** de mon père. *dasjenige meines Vaters*
Mon chapeau c'est **celui** qui est sur la chaise. *jener / derjenige*
Voilà des sandwichs pour **ceux** qui ont faim. *für diejenigen, welche*
Ce sont tes chaussures? – Non, ce sont **celles** de Luc. *diejenigen / jene*
Il a invité ***tous*** **ceux** qu'il connaît bien. (voir p 31/Achtung) *alle die(jenigen)*
Voilà les garçons dont je t'ai parlé. – Ce sont **ceux** dont tu m'as déjà parlé? *jene / die von denen du mir schon erzählt hast*

Merke 1: **Celui** wird vor ***de***, **qui est *sur***, **qui est *dans*** etc. und **Relativsätzen** mit ***qui*** / ***que*** / ***dont*** / ***où*** verwendet.

Merke 2: **Ohne *Präposition*** und **ohne *Relativpronomen*** verwenden wir **celui-ci** für **Näheres** und **celui-là** für **weiter Entferntes**. **Celui-ci / celui-là** wird auch bei der **Gegenüberstellung von zwei Personen** / **Dingen** verwendet und um **Unmut** über eine Person auszudrücken.

Quel sandwich est-ce que tu préfères? **Celui-ci** ou **celui-là**? *dieses / jenes*
Voici mes amies. **Celle-ci** s'appelle Monique et **celle-là** s'appelle Marie.
Quels sont vos livres? **Ceux-ci** ou **ceux-là**? *diese / jene*
Ah, encore **celle-là**! Dis-lui que je ne suis pas à la maison! *Schon wieder diese Frau! (z. B. an der Tür, am Telefon)*

Achtung: Das **participe passé** wird **übereingestimmt.** (Voir aussi ☺ **III** p 61).
Ceux qui sont venus
Celle qu'on a achetée
Celles qu'on a trouvées
Celle-ci est venue

LES PRONOMS DÉMONSTRATIFS NEUTRES CECI / CELA

dieses (hier) / jenes (dort)

Ceci	wird besonders in der **kultivierten Schriftsprache** verwendet, um auf **Näheres** oder auf **etwas, das folgen wird,** hinzuweisen. Es wird in der **Umgangssprache** durch ***cela / ça* ersetzt**.
Cela	bezieht sich auf **Entfernteres** oder auf **Vergangenes** und **ersetzt *ceci*** in der **Umgangssprache**.

Schriftsprache:

Il faut vous annoncer **ceci**: . . .	*Ich / Man muss Ihnen Folgendes ankündigen:*
Ceci est à moi, mais **cela** est à toi.	*Dies hier gehört mir, aber jenes dort, dir.*

Umgangssprache:

Il faut vous dire **cela** / **ça**.	
On a déjà parlé de **cela** /**ça**.	
Ça va?	*Wie geht's?*
Ça suffit!	*Es reicht! / Jetzt reicht's!*
Ça / cela m'est bien égal.	*Das ist mir egal.*
Ça / cela me fait plaisir.	*Das macht mir Freude.*
Ça / cela m'intéresse.	*Das interessiert mich.*
Les élèves, **ça** bavarde beaucoup trop.	*Die Schüler schwätzen zuviel.*
Comment **ça**?	*Wie das?*
Où **ça**?	*Wohin?*

Merke 1: ***Ce*** steht **anstelle von *cela*** vor einem **Relativpronomen (qui, que, dont, quoi).** (Voir aussi ☺ **III** p 17/3, 17/4)

Il nous a dit **ce** qui l'intéresse le plus.
Dis-moi **ce** que tu as fait.
C'est **ce** dont nous avons parlé.
Ce à quoi je pense toujours, c'est à ce film.

Merke 2: ***Ce*** steht als **Subjekt von être**.

*C'*est vrai.
Ce n'est pas clair.

Achtung: Für die **zusammengesetzten Zeiten** verwendet man jedoch **cela/ça**.
Ça aurait été formidable. *Das wäre toll gewesen.*

METS LES PRONOMS DÉMONSTRATIFS QUI CONVIENNENT

1. Ce n'est pas la voiture de mon père, mais c'est .... de ma mère.
2. .... qui sont déjà arrivés, asseyez-vous, s'il vous plaît.
3. Il faut vous annoncer .... : Monsieur Legrand sera en retard.
4. Tiens, ils ont fermé la piscine. – Laquelle? – .... du parc.
5. Tu pourrais faire ces deux exercices. .... est facile et .... difficile.
6. C'est ton sac sur la chaise? – Non, ... qui est sur la chaise c'est .... de Nadine.
7. Je voudrais te présenter mes amies. .... est Marie et .... est Anne.
8. Quel sandwich voudrais-tu? – Je prends .... qui est au jambon.
9. Tous .... qui voudraient venir sont invités.
10. Tu as vu mes clés? – Lesquelles? – .... de ma voiture.
11. Quelle robe préfères-tu? .... ou ....?
12. Ton chapeau est comme .... de mon frère.
13. Je me rappelle bien comment .... a fini.
14. Elle aime les garçons aux cheveux noirs et pas .... qui ont les cheveux blonds.
15. Ce sont tes affaires à toi ou .... d'Antoine?
16. Nous avons ici les parapluies à 10 euros et voilà .... qui sont à 15 euros.
17. Elle préfère les pulls en soie à .... qui sont en laine.
18. Ci-joint les photos des vacances. Ce sont .... dont nous avons parlé.
19. Quel livre est le plus intéressant? .... ou ....?
20. Je ne comprends pas .... qui s'est passé ici.
21. Voilà l'adresse de Fabienne. C'est .... de sa maison au bord de la mer.
22. Au premier rang il y a encore deux places libres! Tu pourrais prendre .... et moi, je prends .... , d'accord?
23. Passe-moi les tickets, s'il te plaît. – Lesquels? – .... qui se trouvent sur la commode.
24. Voilà une amie. C'est .... chez qui j'ai habité pendant mes études.
25. Quelle table préférez-vous? .... ou ....?
26. Quelle table préfères-tu? .... qui est près de la fenêtre ou .... qui est devant le miroir?
27. Notre voisine a fait couper les arbres. – Lesquels? – .... qui se trouvaient autour de l'étang.
28. Les deux sœurs sont totalement différentes: .... est très aimable et charmante, ... est cynique et arrogante.
29. Lesquels sont tes gants, Marie? – .... qui sont en cuir noir.

30. .... à quoi il pense toujours, ce sont ses timbres.
31. Voilà du jus de fruit pour .... qui ont soif.
32. Regarde la photo! C'est .... qui représente mes parents devant la tour Eiffel.
33. Quelle fleur est pour moi? – Prends .... que tu voudras.
34. Il y a beaucoup trop d'autobus. Quel est .... qui va à l'aéroport?
35. Tu as pris ta bicyclette? – Non, j'ai pris .... de ma mère.
36. Quelles cartes postales désirez-vous? – Je prendrai ....
37. Ferme la fenêtre, s'il te plaît! – Laquelle? – .... du salon.
38. Quel bonbon veux-tu? .... ou ....?
39. Elle a acheté la maison dans la rue Grenoble. – Pourquoi ....?
40. Tu as acheté les cadeaux? – Lesquels? – .... dont on a parlé hier.
41. Quelles clés sont à vous? – ....
42. Elle ne nous a pas informés sur .... qui l'intéresse le plus.
43. Regarde! C'est Paul! C'est .... avec qui Marie a vécu deux ans.
44. Voici mes cousins. .... a dix ans et .... en a douze.
45. À qui sont ces lunettes? – Ce sont .... de ma grand-mère.
46. Quel tableau est-ce que les Legrand ont acheté? .... qui représente un lac ou .... qui représente une montagne?
47. Tu as déjà lu le journal? – Lequel? .... d'hier ou d'aujourd'hui?
48. Vous habitez dans votre appartement? – Non, dans .... de mes parents.
49. Vous avez déjà écrit les lettres? – Lesquelles? – .... que vous vouliez envoyer à votre famille.
50. Écoute, le nouveau magasin sera ouvert le 2 mai. – Lequel? – .... qui se trouve dans la rue de la Reine Blanche.
51. C'est exactement .... dont ils ont parlé.
52. Le numéro 6, où est-ce qu'il va, ce métro? – C'est .... qui va place d'Italie.
53. Lequel est ton parfum? Ce grand flacon-ci ou ....? – .... de droite.
54. Apporte-moi l'encyclopédie, s'il te plaît, ... qui est sur la table.
55. Nadine va rendre visite à son cousin. – Auquel? – À .... qui habite dans un vieux château.
56. Le train de Bordeaux est .... de huit heures trente.
57. Ah, ... encore une fois! Qu'est-ce qu'il veut encore?
58. On a aussi visité les châteaux de la Loire: .... de Chambord était le plus intéressant pour nous.
59. Regardez les deux maisons: .... que vous voyez devant vous a été construite par monsieur Hundertwasser.
60. Racontez .... que vous avez fait pendant les vacances.
61. Tu as une robe neuve? – Non, ... n'est pas neuve.
62. Lesquels as-tu choisis? – Voilà .... que j'ai choisis.

63. Cette voiture est chère, mais regarde, ... est encore plus chère.
64. Qui est madame Dupont? – C'est .... qui est en train de descendre de la voiture.
65. C'est ton nouveau chapeau? Pourquoi as-tu acheté ....?
66. Quels journaux avez-vous achetés? – .... qui se trouvent sur la table.
67. Quelle jupe préfères-tu? – Je ne sais pas. .... est trop longue et .... est trop courte.
68. .... à quoi elle pense toujours, ce sont les vacances.
69. La maison blanche est .... des Lafontaine.
70. Les pommes ‹Golden Delicious› sont .... de gauche, Madame.
71. C'est ton vélo? – Non, c'est .... de Philippe.
72. L'immeuble de Pierre est plus grand que .... où il habitait il y a deux ans.
73. .... ne nous intéresse pas de voir ce film encore une fois.
74. C'est tout .... que je veux.
75. .... a été trop ennuyeux.
76. Tu as déjà fait tes devoirs? – Pas tous, mais voilà .... que j'ai déjà faits.
77. Ce sont tes chaussures? – Non, ... sont trop grandes pour moi.
78. Il n'a jamais vu ....
79. C'est ton pantalon? – Non, c'est .... de Jacques.
80. Quelles chaussures as-tu achetées? – Je me suis décidée pour ....
81. Il nous a dit .... hier.
82. Vous avez déjà goûté à ces sandwiches? – Oui, j'ai pris ....
83. C'est qui, ce monsieur là-bas? – C'est .... qui nous a vendu sa voiture.
84. Tu vas mettre cette belle robe ce soir? – Non, pas .... , mais la bleue.
85. Qui a oublié son parapluie? – Attends, c'est .... de monsieur Ligot.
86. .... nous a fait beaucoup plaisir.
87. Les voilà enfin, les Legrand. Ce sont .... dont je viens de te parler.
88. Quelles pommes est-ce que je peux manger? – .... que tu vois sur la table.
89. Les filles sont invitées? – Oui, toutes .... qui auront le temps sont invitées.
90. C'est qui, ... qui arrivent maintenant? – C'est madame et monsieur Coulange.
91. Ce n'est pas la limonade qu'on a commandée. – Ce n'est pas .... que vous avez commandée? Excusez-moi.
92. Monsieur Arlaud c'est .... qui nous a défendu de jouer au foot près de sa maison.
93. .... ne me dérange pas.

CONCORDANCE DES TEMPS
Zeitenfolge

Voir d'abord: ☺ **III** p 8 – 15 *Le discours indirect au présent*
☺ **IV** p 58 – 62 *Les propositions conditionnelles*

1. Steht das Verb des Hauptsatzes im **présent, futur** oder **impératif,** so erfolgt **kein** Zeitenwechsel.
Die **Zeit der direkten Rede bleibt** also **erhalten**.

Marie **dit / va dire / dira**: « Il **arrive** à 6 heures. »
Marie **dit / va dire / dira** qu'il **arrive** à 6 heures.

Marie **dit / va dire / dira**: « Il **est arrivé** à 6 heures. »
Marie **dit / va dire / dira** qu'il **est arrivé** à 6 heures.

Marie **dit / va dire / dira**: « Il **va arriver** à 6 heures. »
Marie **dit / va dire / dira** qu'il **va arriver** à 6 heures.

Marie **dit / va dire / dira**: « Il **pourrait** arriver à 6 heures. »
Marie **dit / va dire / dira** qu'il **pourrait** arriver à 6 heures.

« Est-ce qu'il **vient**? » **Dites-moi** s'il **vient**.
« Qui **as**-tu **invité**? » **Dis-moi** qui tu **as invité**.

2. Steht das Verb des Hauptsatzes im **imparfait**, **passé composé**, **plus-que-parfait** erfolgt **Zeitenwechsel**.
Nach einem **conditionnel** findet man sowohl **Zeitenwechsel** als auch **Beibehaltung der Zeit**.

aus	**présent**	⇨	**imparfait**
	passé composé	⇨	**plus-que-parfait**
	futur	⇨	**conditionnel**
	futur antérieur	⇨	**conditionnel passé**
	imparfait	*bleibt*	imparfait
	plus-que-parfait	*bleibt*	plus-que-parfait
	conditionnel	*bleibt*	conditionnel
	conditionnel passé	*bleibt*	conditionnel passé

Vereinfacht:
a. Alle **présent**-Formen werden in **imparfait**-Formen verwandelt.
b. Alle **imparfait**-Formen bleiben unverändert.
c. Nach **conditionnel** im Hauptsatz **Beibehaltung** der Zeit oder **Zeitenwechsel**.

a. Aus **présent**-Formen werden **imparfait**-Formen.

Marie **disait / a dit / avait dit**: « J'ai deux frères. »
Marie **disait / a dit / avait dit** qu'elle avait deux frères.

Marie **disait / a dit / avait dit**: « Il est arrivé à 6 heures. »
Marie **disait / a dit / avait dit** qu'il **était** arrivé à 6 heures.

Marie **disait / a dit / avait dit**: « Il a téléphoné à 6 heures. »
Marie **disait / a dit / avait dit** qu'il **avait** téléphoné à 6 h.

Marie **disait / a dit / avait dit**: « Il va arriver à 6 heures. »
Marie **disait / a dit / avait dit** qu'il **allait** arriver à 6 heures.

Marie **disait / a dit / avait dit**: « Il **arrivera** à 6 heures. »
Marie **disait / a dit / avait dit** qu'il **arriverait** à 6 heures.

Marie **disait / a dit / avait dit**: « Il **sera arrivé** à 6 heures. »
Marie **disait / a dit / avait dit** qu'il **serait arrivé** à 6 heures.

b. Imparfait-Formen bleiben unverändert.

Marie **disait / a dit / avait dit**: « Il **était** triste. »
Marie **disait / a dit / avait dit** qu'il **était** triste.

Marie **disait / a dit / avait dit**: « Il **était arrivé** à 6 heures. »
Marie **disait / a dit / avait dit** qu'il **était arrivé** à 6 heures.

Marie **disait / a dit / avait dit**: « Il **avait** déjà **téléphoné**. »
Marie **disait / a dit / avait dit** qu'il **avait** déjà **téléphoné**.

Marie **disait / a dit / avait dit**: « Il **pourrait** arriver à 6 h. »
Marie **disait / a dit / avait dit** qu'il **pourrait** arriver à 6 h.

Marie **disait / a dit / avait dit**: « Il **aurait téléphoné** à 6 h. »
Marie **disait / a dit / avait dit** qu'il **aurait téléphoné** à 6 h.

c. Das Verb des Hauptsatzes steht im **conditionnel**:

« À qui **as**-tu écrit? » Il **voudrait** savoir à qui j'**ai/avais** écrit.
« Combien **sont**-ils? » On **voudrait** savoir combien ils **sont/étaient**.
« Qu'est ce que vous **pensez** de cette affaire? »
Je **voudrais** savoir ce que vous **pensez/pensiez** de cette affaire.

3. Bei **allgemeingültigen Wahrheiten** wird die Zeit **nicht** verändert!

Elle dit: « La lune **tourne** autour de la terre. »
Elle **a dit** que la lune **tourne** autour de la terre.

Il a dit: « La terre **est** ronde. »
Il **a expliqué** que la terre **est** ronde.

Elle a dit: « Rome **est** la capitale de l'Italie. »
Elle **a dit** que Rome **est** la capitale de l'Italie.

4. Oui. / Non.

Soll eine direkte Rede, die nur aus « **Oui** ». / « **Non** ». besteht, in der indirekten Rede wiedergegeben werden, so tritt ***que*** vor **oui / non**.
Oui / non können auch durch **Umschreibungen** ersetzt werden.

Maman a dit: « Oui ».	
Maman a dit **que** oui.	*Mama sagte ja.*
Maman **était d'accord**.	*Mama war einverstanden.*
Maman **était du même avis** que nous.	*Mama war derselben Meinung wie wir.*
Pierre a dit: « Non ».	
Pierre a dit **que** non.	*Peter sagte nein.*
Pierre **n'était pas d'accord**.	*Peter war nicht einverstanden.*
Pierre **n'était pas du même avis** que nous.	*P. war nicht derselben Meinung wie wir.*
Pierre **a refusé**.	*Peter lehnte ab.*
Pierre **était plutôt hostile à** cette affaire.	*P. stand dieser Sache eher ablehnend gegenüber.*

5. **Orts**- und **Zeitangaben** werden **verändert**:

ici	⇨	**là, là-bas**
ce monsieur-**ci**	⇨	ce monsieur-**là**
cette lettre-**ci**	⇨	cette lettre-**là**
ceci	⇨	**cela**
celui-ci, celle-ci, ceux-ci	⇨	**celui-là, celle-là, ceux-là**
aujourd'hui	⇨	**ce jour-là, le jour même**
maintenant	⇨	**alors, à ce moment-là**
en ce moment	⇨	**à** ce moment-**là**
à présent	⇨	**à ce moment-là**
à l'heure actuelle	⇨	**à ce moment-là**
ce matin	⇨	ce matin-**là**
ce matin-**ci**	⇨	ce matin-**là**
ce soir	⇨	ce soir-**là**
cet après-midi	⇨	cet après-midi-**là**
cette nuit	⇨	cette nuit-**là**
ce mois-**ci**	⇨	ce mois-**là**
cette année-**ci**	⇨	cette année-**là**
hier	⇨	**la veille, le jour précédent, le jour d'avant**
hier matin	⇨	**la veille au matin**
hier après-midi	⇨	**la veille à l'après-midi**
avant-hier	⇨	**l'avant-veille, deux jours avant / plus tôt**
avant-hier soir	⇨	**l'avant-veille au soir**
vendredi **dernier**	⇨	**le** vendredi **d'avant**
dimanche **dernier**	⇨	**le** dimanche **d'avant**
la semaine **dernière**	⇨	la semaine **d'avant**
le mois **dernier**	⇨	le mois **d'avant**
il y a quelque temps	⇨	quelque temps **avant**
il y a une heure	⇨	une heure **plus tôt**
il y a un mois	⇨	un mois **plus tôt**
demain	⇨	**le lendemain, le jour après, le jour suivant**
demain soir	⇨	**le lendemain soir**
après-demain	⇨	**le surlendemain, deux jours après/plus tard**
jeudi **prochain**	⇨	**le** jeudi **d'après, le** jeudi **suivant**
dimanche **prochain**	⇨	**le** dimanche **d'après / le** dimanche **suivant**
l'année **prochaine**	⇨	l'année **d'après**, l'année **suivante**
le mois **prochain**	⇨	le mois **d'après**, le mois **suivant**
dans trois jours	⇨	trois jours **après / plus tard**
dans quelques jours	⇨	quelques jours **après / plus tard**
dans un moment	⇨	un moment **après,** un moment **plus tard**
dans une heure	⇨	une heure **plus tard**

6. Wir unterscheiden folgende **zeitliche Beziehungen**:

a. gleichzeitig:

On **dit** qu'il **cherche** une maison.
Je **sais** qu'il **aime** Marie.

⇩	⇩
présent	**présent**

On **disait/a dit** qu'il **cherchait** une m.
Je **savais** qu'il **aimait** Marie.

⇩	⇩
passé composé **imparfait**	**imparfait**

b. vorzeitig:

On **dit** qu'il **a cherché** une maison.
Je **sais** qu'il **a aimé** Marie.
On **sait** qu'il **était** très riche.

⇩	⇩
présent	**passé composé** **imparfait**

On **disait/a dit** qu'il **avait cherché** une m.
Je **savais** qu'il **avait aimé** Marie.
On **savait** qu'il **avait été** très riche.

⇩	⇩
passé composé **imparfait**	**plus-que-parfait**

c/1. nachzeitig:

On **dit** qu'il **cherchera** une maison.
Je **sais** qu'il **aimera** Marie.

⇩	⇩
présent	**futur**

On **disait/a dit** qu'il **chercherait** une m.
Je **savais** qu'il **aimerait** Marie.

⇩	⇩
passé composé **imparfait**	**conditionnel**

c/2. nachzeitig vollendet:

Il **dit** qu'en avril il **aura trouvé** un emploi.

⇩	⇩
présent	**futur antérieur**

Il **disait/a dit** qu'en avril il **aurait trouvé** un emploi.

⇩	⇩
passé composé **imparfait**	**conditionnel passé**

LE DISCOURS INDIRECT AU PASSÉ

1. «J'ai mal à la gorge ce matin. » – Sophie a prétendu ....
2. «Nous avons rencontré Bertrand au cinéma hier.» – Pierre nous a raconté ....
3. «Mon ami est parti en vacances il y a deux heures.» – Il nous a informés ....
4. «Mon mari va vous écrire aujourd'hui.» – Mme Lefèvre a promis ....
5. «Je serai à la maison dans une heure.» – Elle a annoncé ....
6. «Il pleuvait tout le temps et il faisait très froid.» – Elle a dit ....
7. «J'avais perdu mes clés en ville avant-hier.» – Elle a dit qu' ....
8. «Il aurait dû attendre Monsieur Legrand.» – Elle a dit ....
9. «Il fera beau pendant les vacances ce mois-ci.» – Marie était sûre ....
10. «J'avais déjà ouvert la porte il y a quelque temps.» – Maman a expliqué ....
11. «Je partirai à Paris en septembre.» – La prof de français a annoncé ....
12. «Je déteste le café.» – Claudine dit toujours ....
13. «Mon devoir n'est pas trop compliqué.» – Monsieur Cocteau pensait ....
14. «Le film était formidable avant-hier soir.» – Pierre nous a informés ....
15. «Elle aurait pu me téléphoner hier matin.» – Paul a pensé ....
16. «Tu as raison.» – Mon ami pense ....
17. «Je sais bien qu'il aura fini son devoir demain.» – Papa a dit ....
18. «Il prendra le train à huit heures.» – Maman signale ....
19. «Il travaille à la poste maintenant, mais le travail ne lui plaît pas.» – Elle a ajouté ....
20. «Les Lebrun viendront nous voir vendredi prochain?» – Il voulait savoir ....
21. «Vous allez faire une promenade?» – Elle nous a demandé ....
22. «Quand est-ce que Marie partira?» – Il ne savait pas ....
23. «Où est-ce que tes amis habitent?» – Elle cherchait à savoir ....
24. «Qu'est-ce que tu veux dire?» – Il m'a demandé ....
25. «À qui est-ce que tu as téléphoné ce matin?» – Il voulait savoir ....
26. «À quoi pense-t-il?» – Elle veut savoir ....
27. «Elle nous a téléphoné qu'elle est bien arrivée à Lille.» – Il nous a raconté ....
28. «Qu'est-ce qui se passe ici à l'heure actuelle?» – Ils voulaient savoir ....
29. «Quand est-ce que Monique arrivera demain soir?» – Il a demandé ....
30. «Où sont les clés de la voiture?» – Il ne savait plus ....
31. «Mets ton manteau!» – Maman lui a dit ....
32. «Ne fumez jamais!» – Papa nous a dit ....
33. «Prenez encore un sandwich!» – Elle nous a invités ....

34. «Qu'est-ce que tes amis voulaient hier? » – Elle était curieuse de savoir ....

35. «Pourquoi est-ce que tu pleures?» – Il n'a pas compris ....
36. «Je suis sûre qu'il m'écrira dans quelques jours.» – Elle a ajouté ....
37. «Vous avez fait une promenade hier?» – Il voulait savoir ....
38. «On comprend bien pourquoi il a écrit cette lettre-ci.» – Elle a rapporté ....

39. «Soyez sages!» – Maman nous a dit ....
40. «Comment est-ce qu'il s'appelle?» – Nadine ne savait plus ....
41. «On aurait dû aider Pierre avant-hier soir.» – Elle pensait ....
42. «Où est-il maintenant?» – Il voudrait bien savoir ....
43. «Est-ce qu'elle est contente de son travail?» – Il est curieux de savoir ....
44. «Je serais allée au ciné si j'avais eu le temps hier.» – Elle a ajouté ....
45. «Je ne peux pas te rendre visite le mois prochain.» – Elle regrettait ....
46. «Ne fumez pas dans la salle de séjour.» – Je leur ai proposé ....
47. «Tu arriveras dimanche prochain?» – Il cherchait à savoir ....
48. «Où sont les valises?» – Il s'est demandé ....
49. «À quoi est-ce que vous pensez?» – Dites-moi ....
50. «Ne venez pas trop tard!» – Elle dira ....
51. «Qui est cette dame-ci?» – Il voulait savoir ....
52. «Elle sera allée au théâtre.» – Il a constaté ....
53. «Ça fait combien ?» – Il a demandé ....
54. «On va voir un beau film au ciné demain.» – Il a annoncé ....
55. «Qu'est ce que ça veut dire?» – Il ne savait pas ....
56. «Quel bus est-ce que tu prendras?» – Il m'a demandé ....
57. «Vienne est la capitale de l'Autriche.» – Paul a dit ....
58. D'abord il a dit «Oui.», mais peu après il a dit «Non.»
59. «Qu'est-ce que vous ferez pendant les vacances?» – Je voudrais savoir ....

60. «Papa arrive ce soir?» – Il ne savait plus ....
61. «Vous désirez, Madame?» – La serveuse m'a demandé ....
62. «Comment l'accident s'est-il passé?» – L'agent de police nous a demandé ....
63. «Je ne veux pas sortir avec Hervé et Pascal parce qu'ils fument beaucoup trop.» – Barbara nous a expliqué ....
64. «Je m'occuperai de votre jardin quand vous serez en France le mois prochain.» – Il nous a promis ....
65. «J'ai trompé Bertrand deux fois, mais je ne le ferai plus.» – Elle a avoué .... mais elle a promis ....
66. «Il y a un mois je ne pensais pas que je trouverais une si jolie maison .» – Elle a raconté ....
67. «On va à Paris ensemble?» – Il m'a proposé ....
68. «Il est absolument nécessaire de les aider.» – Elle a souligné ....

69. «Il répétait toujours qu'il n'était pas coupable.» – L'avocat a constaté ....
70. «Nous avons cru que Marie allait vivre en France.» – Elle a dit ....
71. «Il est déjà sept heures. Il faut se dépêcher maintenant.» – Elle a constaté ....
72. «J'ai oublié mes boucles d'oreilles.» – Elle va admettre ....
73. «Ne prends pas ce pull-ci, il est trop cher.» – Maman m'a défendu ....
74. «Ce n'est pas bon de lui rendre visite maintenant.» – Ils ont objecté ....
75. «Nous sommes certains que Claire est déjà arrivée ici.» – Ils ont dit ....
76. «On ne m'a rien dit.» – Philippe s'était fâché ....
77. «Je ne me marierai pas avec lui parce qu'il m'a trompée .» – Elle a déclaré ....
78. «Savez-vous s'il a pris le train ou l'avion?» – Elle nous a demandé ....
79. «Nous avions fait beaucoup de fautes.» – Ils ont avoué ....
80. «Nous avons fait la connaissance des Ledoux il y a trois semaines .» – Il a affirmé ....
81. «Je vais vous accompagner à la gare dans trente minutes.» – Il a promis ....
82. «Notre bureau sera fermé après-demain.» – Ils ont précisé ....
83. «Le téléphone a sonné juste au moment où je voulais partir.» – Il a dit ....
84. «Donne-moi ceci.» – Papa m'a dit ....
85. «Vous prendrez quel bus?» – Elle était curieuse de savoir ....
86. «Pourquoi est-ce qu'elle se plaint toujours?» – Nous ne connaissions pas la raison ....
87. «On peut très bien manger au restaurant italien.» – Luc nous a informés ....
88. «On passera un film extra au ciné demain après-midi.» – Elle annonce ....
89. «Pourquoi est-ce que vous ne m'avez pas informé avant-hier soir?» – Pierre nous a demandé ....
90. «Tu connais quelqu'un qui pourrait t'aider?» – Elle voulait savoir ....
91. «J'ai vu tes parents à la gare hier après-midi.» – Il m'a raconté ....
92. «Les enfants sont rentrés vers minuit.» – Maman a ajouté ....
93. «Est-ce que vous avez soif?» – Dis-moi ....
94. «Je ne sais pas encore quand Luc aura trouvé un emploi.» – Simon a dit ....
95. «Nous nous sommes bien reposés ici.» – Les Ligot nous ont écrit ....
96. «Où est-ce que j'ai mis mes lunettes?» – Grand-mère ne savait plus ....
97. «Je ferai mes devoirs ce soir.» – Nicolas a promis ....
98. «Les Legrand ont déjà vendu leur maison l'année dernière.» – Il a rapporté ....
99. «Elle voudrait bien revoir Pilou.» – Monique pense ....
100. «J'ai mal à la tête mais j'ai déjà téléphoné à Paul. Il viendra me chercher dans une heure.» – Elle regrettait de nous informer ....

101. «Il a annoncé qu'il partirait vivre en France.» – Elle nous a raconté ....

102. «À quelle heure est-ce que vous fermez?» – Madame Gilot voulait savoir ....

103. «J'ai mal dormi cette nuit.» – Elle a dit ....

104. «Pierre a vu Monsieur Pugeol il y a quelque temps.» – Il nous a informés ....

105. «Il voudrait savoir à qui j'avais écrit.» – Elle nous a raconté ....

106. «Je ne pouvais pas apprendre le nouveau vocabulaire parce que ma tante est venue nous voir hier. Alors nous avons pris le café et puis nous avons fait une balade avec elle. Le soir j'étais trop fatigué. Mais je vous promets que je ferai mes devoirs aujourd'hui.» – L'élève a expliqué ....

107. Il nous a demandé si nous .... (lire) ce roman.

108. Elle est curieuse de savoir si nous .... (voir) ce film.

109. Elle croyait qu'il .... (être) déjà trop tard pour aller en ville.

110. Pierre a dit que son ami .... (avoir) tort.

111. Il nous a raconté qu'il .... (travailler) à Vienne.

112. Elle a demandé quel train .... (je/prendre).

113. Elle veut savoir chez qui François .... (habiter).

114. Il pensait que Sylvie .... (partir) en Italie.

115. Il a dit que cela .... (ne pas être) difficile.

VOCABULAIRE

Anmerkung: Dieser Vokabelteil dient lediglich als **Übersetzungshilfe** und ist **kein** Lexikonersatz!

abréviations (f) *(Abkürzungen)*:

m	masculin	*männlich*	**adv**	adverbe (m)	*Adverb*
f	féminin	*weiblich*	**adj**	adjectif (m)	*Adjektiv*
Pl	pluriel (m)	*Plural*	**qc**	quelque chose	*etwas*
Sg	singulier (m)	*Singular*	**qn**	quelqu'un	*jemand(en)*

Mit * wird ein h aspiré gekennzeichnet (voir ☺ **I** p 3).

à l'heure	*pünktlich*
abîmer	*beschädigen, ruinieren*
abstrait	*abstrakt*
accompagner	*begleiten*
accusé (m)	*Angeklagter*
achats (m)	*Einkäufe*
admettre	*zugeben*
affaires (f,Pl)	*Sachen, Dinge*
affirmer	*bestätigen*
agent (m) de police	*Polizist*
agréable	*angenehm*
aigri	*verbittert*
ajouter	*hinzufügen*
alarmer	*beunruhigen, alarmieren*
alcool (m)	*Alkohol*
alcoolique (m+f)	*Alkoholiker/in*
allumer	*anzünden*
amoureux de	*verliebt in*
ange (m) gardien	*Schutzengel*
appartenir à	*gehören*
apprécier	*schätzen*
appuyer	*drücken auf*
après-demain	*übermorgen*
après-midi (m+f)	*Nachmittag*
architecte (m)	*Architekt*
armoire (f)	*Kasten*
arranger	*gestalten*
arrêter qn.	*verhaften, anhalten*
assurance (f)	*Versicherung*
au bord de la mer	*am Meer*
au bord	*am Ufer*
au-dehors	*draußen*
aussitôt que	*sobald als*
autoroute (f)	*Autobahn*
avion (m)	*Flugzeug*
avis (m)	*Meinung*
avocat (m)	*Anwalt*
avouer	*zugeben*
bagages (m,Pl)	*Gepäck*
bain (m)	*Bad*
basané	*braun gebrannt*
bateau (m)	*Boot*
bavarder	*plaudern*
beau-frère (m)	*Schwager*
beauté (f)	*Schönheit*
bloquer	*versperren, blockieren*
boisson (f)	*Getränk*
bonbon (m)	*Bonbon*
boucle (f)	*Locke*
boucles (f) d'oreilles (f)	*Ohrringe*
bref, brève	*kurz*
briller	*glänzen*
bruit (m)	*Lärm*
cacher	*verstecken*
cadeau (m) de Noël	*Weihnachtsgeschenk*
café du coin	*Café an der Ecke*
calculette (f)	*Taschenrechner*
calme (m); calme (adj)	*Ruhe; ruhig*
cambrioleur (m)	*Einbrecher*
camion (m)	*Lastwagen*
camomille (f)	*Kamille*
canapé (m)	*belegtes Brötchen*
cancer (m)	*Krebs*
carreau (m)	*Karo*
casino (m)	*Casino*
catastrophe (f)	*Katastrophe*
cave (f)	*Keller*
célèbre	*berühmt*
chambre (f) d'ami	*Gästezimmer*
Champs-Élysées (m,Pl)	*Straße in Paris*
chaque	*jeder, jede, jedes*
charme (m)	*Charme*
choquant	*schockierend*
ci-joint	*anbei, beiliegend*
client (m)	*Kunde*
clocher (m)	*Kirchturm*
clôture (f) de jardin (m)	*Gartenzaun*
coiffé	*frisiert*
colère (f)	*Zorn*
collection (f)	*Sammlung*
collègue (m+f)	*Kollege/Kollegin*
comme fou	*wie verrückt*
commissariat (m)	*Kommissariat*
commode (f)	*Kommode*
compagnie (f)	*Gesellschaft*
confiance (f)	*Vertrauen*
connaître	*kennen*
conseil (m)	*Rat*
constater	*feststellen*
consulter	*um Rat fragen*
contagieux	*ansteckend*
contrôler	*kontrollieren*
copieux	*reichlich*
coquin	*spitzbübisch, schelmisch*
cordialement	*herzlich*
côtelette (f)	*Kotelett*
coupable	*schuldig*
cour (f)	*Hof*
craindre	*fürchten*
cravate (f)	*Krawatte*
crise (f) cardiaque	*Herzanfall*
crochet (m)	*Häkeln*
cuir (m)	*Leder*
curiosité (f)	*Sehenswürdigkeit; Neugierde*
cynique	*zynisch*
déchirer	*zerreißen*

déclarer	*eine Erklärung abgeben*
décoller (avion)	*starten*
dégâts (m,Pl)	*Schäden*
délit (m) de fuite (f)	*Fahrerflucht*
démissionner de	*zurücktreten von*
dépenser	*ausgeben*
déranger	*stören*
dès que	*sobald als*
désolé (être)	*Leid tun*
des tas de	*viele*
dessert (m)	*Nachspeise*
détruire	*zerstören*
dette (f)	*Schuld*
devant	*vor*
Dieu (m)	*Gott*
diminuer	*geringer werden, fallen*
divinement (adv)	*göttlich*
doré	*vergoldet*
dormir	*schlafen*
(sans) doute (m)	*(ohne) Zweifel*
drame (m)	*Drama*
écraser	*überfahren, überrollen*
embrasser	*umarmen, küssen*
emménager	*einziehen*
emploi (m)	*Stellung, Posten*
ému	*gerührt*
en avance (être)	*zu früh/früher da sein*
en courant	*laufend*
en cuir (m)	*aus Leder*
enchanté	*bezaubert, verzaubert*
encyclopédie (f)	*Lexikon*
énervé	*aufgeregt, nervös*
énerver	*auf die Nerven gehen*
enfermé	*eingesperrt*
ensoleillé	*sonnig*
entendre dire	*gehört haben*
entier, entière	*ganz*
entretien (m)	*Besprechung*
environ	*ungefähr*
épargner	*sparen*
épouse (f)	*Gattin*
épousseter	*abstauben*
escalier (m)	*Stiege*
essence (f)	*Benzin*
étage (m)	*Stockwerk*
éteindre	*abdrehen*
études (f,Pl)	*Studium, Studien*
exposé (m)	*Referat*
facture (f)	*Rechnung*
fameux, fameuse	*berühmt*
fatal	*fatal, verhängnisvoll*
féliciter	*beglückwünschen*
fiancée (f)	*Verlobte*
fiche (f)	*Zettel, Formular*
fidélité (f)	*Treue*
fier, fière	*stolz*
flacon (m)	*Fläschchen*
fleuve (m)	*Fluss*
foncé	*dunkel*
forêt (f)	*Wald*
fort	*stark*
foulard (m)	*Halstuch*
fréquenter	*frequentieren, besuchen*
frontière (f)	*Grenze*
gagner le gros lot (m)	*das große Los ziehen*
gant (m)	*Handschuh*
garer	*parken*
gêné	*verlegen*
gorge (f)	*Hals*
goûter à qc	*etwas kosten, probieren*
grâce à	*dank*
gracilement (adv)	*grazil*
grenier (m)	*Dachboden*
grossir	*zunehmen*
haïr	*hassen*
*hâte (la)	*Hast, Eile*
*hot-dog (le)	*Hot Dog*
il vaut mieux	*es ist besser*
il y a deux ans	*vor zwei Jahren*
imbécile (m)	*Dummkopf*
immeuble (m)	*Wohnhaus*
impression (f)	*Eindruck*
incapable	*unfähig*
inconvénient (m)	*Nachteil*
infusion (f)	*Tee*
inondation (f)	*Überschwemmung*
inquiet	*unruhig*
installer	*installieren*
instant (m)	*Augenblick*
ivre	*betrunken*
jalousie (f)	*Eifersucht*
jaloux, jalouse	*eifersüchtig*
jambe (f)	*Bein*
jeu (m) vidéo	*Computerspiel*
jouet (m)	*Spielzeug*
journal (m) intime	*Tagebuch*
juillet (m)	*Juli*
lac (m)	*See*
laid	*hässlich*
laine (f)	*Wolle*
lavabo (m)	*Waschbecken*
lave (f)	*Lava*
légumes (f,Pl)	*Gemüse*
lèvre (f)	*Lippe*
limpide	*glasklar*
linge (m)	*Wäsche*
lot (m)	*Preis, Los*
lycéen (m)	*Gymnasiast*
maigrir	*abnehmen*
malin, maligne	*schlau*
manquer	*versäumen*
marché (m) aux puces (f)	*Flohmarkt*
médecin (m)	*Arzt*
médicament (m)	*Medikament*
mélodie (f)	*Melodie*
mentir	*lügen*
méridional (m)	*Südländer*
meuble (m)	*Möbelstück*
milieu (m)	*Milieu*
mi-long, mi-longue	*halblang*
miroir (m)	*Spiegel*
montagne (f)	*Berg*
mort (f)	*Tod*
mort (m)	*Verstorbener*
moto (f)	*Motorrad*
mouchoir (m)	*Taschentuch*
moyen (m)	*Mittel*
mur (m)	*Mauer*
musée (m)	*Museum*
objecter	*einwenden*
objet (m) de valeur (m)	*Wertgegenstand*
offenser	*beleidigen*
opérer	*operieren*
ordinateur (m)	*Computer*

orgueilleux, orgueilleuse	*hochmütig*
(être) originaire de	*stammen aus*
origine (m)	*Ursprung*
os (m)	*Knochen*
papillon (m)	*Schmetterling*
paraître	*(er)scheinen*
parapluie (m)	*Schirm*
participer	*teilnehmen*
pays (m)	*Land*
paysan (m)	*Bauer*
pêcher	*fischen*
peinture (f)	*Malerei*
pente (f)	*Berghang*
perdu	*verloren*
perle (f)	*Perle*
permis (m) de conduire	*Führerschein*
permis	*erlaubt*
peser	*wiegen*
petit déjeuner (m)	*Frühstück*
piscine (f)	*Schwimmbad*
plaisir (m)	*Vergnügen*
planche (f) à voile (f)	*Surfbrett*
poème (m)	*Gedicht*
porte-monnaie (m)	*Geldtasche*
poupée (f)	*Puppe*
pourri	*faulig*
pourtant	*dennoch*
préciser	*präzisieren*
préféré (m)	*Liebling*
prendre congé	*sich verabschieden*
presque	*fast*
prêt	*fertig, bereit*
prétendre	*vorgeben*
prêter	*borgen*
prévenir	*benachrichtigen*
prévoir	*vorhersehen, planen*
prix (m)	*Preis*
prochain	*nächster*
profond (adj)	*tief*
profondément (adv)	*tief*
progrès (m)	*Fortschritt*
promettre, promis	*versprechen, versprochen*
proposer	*vorschlagen*
propre	*sauber*
quelques-uns (m)	*einige*
rang (m)	*Sitzreihe*
ravi de	*begeistert von*
récolte (f)	*Ernte*
refuser net	*glatt ablehnen*
remarquer	*bemerken*
remplir	*ausfüllen*
rénover	*renovieren*
repas (m)	*Essen, Mahlzeit*
repasser	*bügeln*
repeindre	*wieder anstreichen*
répéter	*wiederholen*
reposant	*erholsam*
représenter	*darstellen*
respirer	*atmen*
responsable de	*verantwortlich für*
ressembler à	*ähnlich sehen*
ressortir	*(wieder) hervorkommen*
résultat (m)	*Resultat*
résumé (m)	*Zusammenfassung*
réunion (f)	*Treffen, Besprechung*
réussir à	*Erfolg haben bei*
révéler	*enthüllen*
ridicule	*lächerlich*
roman (m)	*Roman*
rond-point (m)	*Kreisverkehr*
rose (f)	*Rose*
roue (f)	*Rad*
rouler	*fahren*
saluer	*grüßen*
s'attendre à	*erwarten*
se casser	*sich brechen*
se concentrer	*sich konzentrieren*
se dépêcher	*sich beeilen*
se fâcher	*böse werden*
se lamenter	*klagen, lamentieren*
se passer de	*verzichten auf*
se plaindre	*sich beklagen*
se promener	*spazieren gehen*
se rappeler	*sich erinnern*
se rendre ridicule	*sich lächerlich machen*
se reposer	*sich ausruhen*
se souvenir de	*sich erinnern an*
se terminer dans le calme	*ruhig ausklingen*
se tromper	*sich irren*
seconde (f)	*Sekunde*
secret, secrète	*geheim*
semestre (m)	*Semester*
s'endormir	*einschlafen*
s'enfermer	*sich einschließen*
serviable	*hilfsbereit*
s'estimer	*sich halten für*
signaler	*hinweisen, mitteilen*
signer	*unterschreiben*
silencieux	*ruhig*
silhouette (f)	*Figur*
s'inquiéter	*sich beunruhigen*
soie (f)	*Seide*
soigneux	*sorgfältig*
sorte (f)	*Sorte*
sortie (f)	*Ausgang*
souligner	*unterstreichen*
souvenir (m)	*Souvenir, Erinnerung*
stylo (m)	*Füllfeder*
succès (m)	*Erfolg*
surlendemain (m)	*übernächster Tag*
surpris	*überrascht*
tableau (m)	*Bild, Gemälde*
taquiner	*hänseln, necken*
tartine (f)	*Butterbrot*
tenir à	*Wert legen auf*
timbre (m)	*Briefmarke*
tomber malade	*krank werden*
tort (avoir)	*Unrecht (haben)*
tour (m) du monde	*Weltreise*
tousser	*husten*
traduction (f)	*Übersetzung*
tricoter	*stricken*
tromper	*betrügen*
tromper (se)	*sich irren*
vaccin (m)	*Impfstoff*
vaccination (f)	*Impfung*
vallée (f)	*Tal*
Venise	*Venedig*
virgule (f)	*Beistrich*
vitamine (f)	*Vitamin*
vitesse (f)	*Geschwindigkeit*
voile (f)	*Segel*
voile (m)	*Schleier*
volontiers	*gerne*

CLÉ

page 7

1. Je **ne** bois **ni** café **ni** bière. (weder ... noch) (règle 7) *gehobene Sprache*
2. Je **ne** bois **pas de** café **ni de** bière. (weder ... noch) (10/Merke) *Umgangssprache*
3. Je **ne** bois **pas de** café, **de** bière **non plus**. (weder ... noch) (10) *Umgangssprache*
4. Il **n'a aucune** nouvelle pour nous. (keine) (4)
5. Il **n'a pas de** nouvelle pour nous. (keine) (☺ **I** p 58/59)
6. Le garçon est entré **sans** avoir salué **personne**. (ohne jemanden) (12)
7. Si **jamais** tu lui écris une lettre, donne-lui le bonjour de ma part. (jemals) (12)
8. Malheureusement elle **n'a toujours pas** passé son permis de conduire. (noch immer nicht) (15)
9. Elle **n'a pas encore** passé son permis de conduire. (noch nicht) (15)
10. **Rien ne** nous fait peur. (nichts) (3)
11. **Plus rien ne** nous fait peur. (nichts mehr) (15)
12. Il **ne** veut **ni ne** peut nous aider. (weder ... noch) *gehobene Sprache* (9)
13. Son ami **n'est ni** poli, **ni** charmant, **ni** serviable. (weder .... noch) *gehobene Sprache* (7)
14. **Plus personne n'**est venu. (niemand mehr) (15)
15. On **ne** connaît **ni** son nom **ni** son adresse. (weder ... noch) *gehobene Sprache* (7)
16. Je **n'**ai **pas encore** fini ma lettre. (noch nicht) (15)
17. Pilou **ne** ressemble à **personne**. (niemandem) (2)
18. Elle a demandé à son ami **de ne pas** la quitter maintenant. (sie nicht zu verlassen) (14)
19. Il a laissé partir Marie **sans rien** faire. (ohne etwas zu tun) (12)
20. **Aucun** invité **n'**a pris de gâteau. (keiner) (5)
21. Il **ne** fait **que** taquiner sa petite sœur. (nur) (1/Merke/1)
22. Nous avons **seulement** pris des côtelettes. (nur) (1)
23. Elle a promis de **ne pas** inviter Jacques. (nicht einzuladen) (14)
24. **Ni** son frère **ni** sa sœur **ne** lui ressemblent. (weder ... noch) (8)
25. **Seuls** ses amis sont restés pour l'aider. (nur) (1/Merke/3)
26. Elle **ne** parle **plus** à **personne**. (mit niemandem mehr) (15)
27. **Personne n'**a sonné à la porte. (niemand) (3)
28. Nous **n'**avons trouvé **aucun** restaurant bon marché. (kein) (4)
29. Il **n'**a trouvé son parapluie **nulle part**. (nirgends) (6)
30. Fernand **n'**a **pas** écrit, Paul **non plus**. (weder ... noch) (10) *Umgangssprache*
31. **Non seulement** Béatrice, **mais aussi/mais encore** Charles savent faire la cuisine. (nicht nur...sondern auch) (11)
32. C'était pire que **jamais**. (je) (12)
33. Il **ne** veut **pas du tout** sortir avec Sylvie. (überhaupt nicht) (13)
34. Il **n'a toujours rien** dit. (noch immer nichts) (15)

page 8

1. Le jardin **n'**est **ni** grand **ni** beau. (weder ... noch) (7) *gehobene Sprache /*
   Le jardin **n'**est **pas** grand **ni** beau. (10) *Umgangssprache*
2. Je **n'**ai **aucune** idée où peuvent être mes clés. (keine) (4) / Je **n'**ai **pas d'**idée où .... (☺ **I** p 59)
3. Elle **ne** mange **ni** légumes **ni** fruits. (weder ... noch) (7) *gehobene Sprache /*
   Elle **ne** mange **pas de** légumes **ni de** fruits. (10/Merke) *Umgangssprache /*
   Elle **ne** mange **pas de** légumes, **de** fruits **non plus**. (10) *Umgangssprache*
4. Il **n'**est **que** six heures. / Il est **seulement** six heures (erst) (1)
5. Il espère **ne pas** la revoir. (nicht) (14)
6. Je **n'**ai **que** 10 euros sur moi. / J'ai **seulement** 10 euros sur moi. (nur) (1)
7. Il **n'**a lu **aucun** livre intéressant. (kein einziges) (4)
8. **Personne ne** me comprend. (niemand) (3)
9. Si **jamais** tu le revois (jemals), il faut t'excuser. (12)
10. Elle **ne** revient **que** le matin. (erst) (1)
11. Il **ne fait que taquiner** son frère. (nur) (1/Merke 1)
12. Il **n'**y voit **aucune** difficulté. (gar keine) (4) / Il **n'**y voit **pas de** difficulté. (☺ **I** p 59)
13. Il me conseille de **ne pas** attendre. (nicht) (14)
14. Elle **ne** connaît **personne** ici. (niemanden) (2)
15. Il **n'**achète **jamais rien**. (nie etwas) (15)
16. **Aucune** femme **ne** l'intéresse. **Aucune** femme **ne** lui plaît. (überhaupt keine) (5)

17. Il **n'**a **pas** de lettres à écrire **ni** de devoirs à faire. (weder ... noch)(10) *Umgangssprache /*
Il **n'**a **pas** de lettres à écrire , de devoirs à faire **non plus**. (10) *Umgangssprache /*
Il **n'**a **ni** lettres à écrire **ni** devoirs à faire. (7) *gehobene Sprache*
18. Qu'est-ce qui se passe dans ton village? **Rien ne** se passe dans ce trou. (nichts) (3)
19. Je **ne fais que raconter** (nur) ce qu'elle m'a dit. (1/Merke 1)
20. **Seul** un médecin peut t'aider. (nur) (1/Merke 3)
21. **Aucun n'**est venu la voir. (5) (überhaupt keiner) / **Personne n'**est venu la voir. (keiner, niemand) (3)
22. Nous **n'**avons **pas** entendu de bruit. (keinen) (☺ **I** p 59) /
Nous **n'**avons entendu **aucun** bruit. (4)
23. **Personne ne** l'a invitée. (niemand) (3) (*zur Übereinstimmung siehe* ☺ **III** p 61)
24. Tu **ne** trouves **jamais rien**. (nie etwas) (15)
25. Elle **ne** parle **pas seulement** français **mais aussi / mais encore** anglais. (nicht nur ... sondern auch) (11) /
Elle parle **non seulement** français **mais aussi / mais encore** anglais. (nicht nur ... sondern auch) (11) /
Elle **ne** parle **ni** français **ni** anglais. (weder ... noch) (7) *gehobene Sprache /*
Elle **ne** parle **pas** français **ni** anglais. (weder ... noch) (10) *Umgangssprache /*
Elle **ne** parle **pas** français , anglais **non plus**. (weder ... noch) (10) *Umgangssprache*
26. Il **n'**avait **absolument rien** à me dire. (absolut nichts) (13)
27. Elle **ne** sort **jamais** avec **personne**. (nie mit jemandem) (15)
28. Elle **ne** boit **ni** bière **ni** vin. (weder ... noch) (7) *gehobene Sprache /*
Elle **ne** boit **pas** de bière **ni** de vin. (weder ... noch) *Umgangssprache /*
Elle **ne** boit **pas** de bière , de vin **non plus**. (weder ... noch) *Umgangssprache*
29. Elle **ne** voit **plus personne**. (niemanden mehr) (15)
30. Nous **n'**avons **pas encore** faim. (noch keinen) (15)
31. Il **n'**a **toujours pas** fait ses devoirs. (noch immer nicht) (15)
Il **n'**a **pas encore** fait ses devoirs. (noch nicht) (15)
32. Il **ne fait que** se **plaindre**. (nur) (1/Merke 1)
33. Elle **ne** va **rien** manger. (nichts) (2)
34. Je **n'**ai **ni** sœur **ni** frère. (weder ... noch) (7) *gehobene Sprache /*
Je **n'**ai **pas** de sœur **ni** de frère. (weder ... noch) (10) *Umgangssprache /*
Je **n'**ai **pas** de sœur **,** de frère **non plus**. (weder ... noch) (10) *Umgangssprache*
35. Elle **n'**a **pas** envie (keine) de travailler ce soir. /
Elle **n'**a **aucune** envie (überhaupt keine) de travailler ce soir. (4)
36. **Ni** Pierre **ni** ses amis **ne** sont arrivés. (weder ... noch) (8)
37. Si **jamais** tu le revois (jemals), donne-lui le bonjour de ma part. (12)
38. **Aucun** élève **n'**a réussi à l'examen. (gar kein) (5)
39. Il **n'**a **pas** de talent. (kein) (☺ **I** p 59) / Il **n'**a **aucun** talent. (4) (überhaupt kein)

page 9

Es gibt verschiedene Lösungen. Hier einige Vorschläge:

1. Elle **ne** mange **ni ne** dort. (règle 9) *gehobene Sprache*
2. Je le dis sans vouloir offenser **personne**. (12)
3. Elle **n'a fait que** danser toute la soirée. (1/Merke 1)
4. **Si jamais** tu la rencontres, montre-lui la photo. (12)
5. Nous **n'**y voyons **aucun** problème. (4)
6. Elle m'a conseillé de **ne pas** prendre la voiture. (14)
7. On **ne** peut **rien** faire, elle **ne** veut voir **personne**. (2)
8. Elle **ne** trouve sa voiture **nulle part**. (6)
9. **Non seulement** M.L. **mais aussi / mais encore** Mme.L. ont gagné. (11)
10. **Ni** l'un **ni** l'autre **ne** sont venus. (8)
11. Tu **ne** fais **jamais rien**. (15)
12. Il **ne** voulait **pas du tout** parler avec elle. (13)
13. Il a menti pour **ne pas** avoir de problèmes. (14)
14. **Personne n'**a pris de sandwichs. (3)
15. Nous **n'**avons **pas encore** soif. (15)
16. Elle **n'**a **toujours pas** faim. (15)
17. On **n'**a **fait que** chanter un peu. / Nous **n'**avons **fait que** chanter un peu. (1 / Merke 1)
18. Il n'a **aucune** difficulté. (4)
19. Il **n'**y a **aucun** doute que c'est Pierre qui a téléphoné. (4)
20. Je **n'**aime **ni** les hamburgers **ni** les hot-dogs. (7) *gehobene Sprache /*
Je **n'**aime **pas** les hamburgers **,** les hot-dogs **non plus**. (10) *Umgangssprache /*
Je **n'**aime **pas** les hamburgers **ni les** hot-dogs. (10) *Umgangssprache*
21. Elle **n'**a **ni** pleuré **ni** ri. (7) *gehobene Sprache*
Elle **n'**a **pas** pleuré, **ni** ri **non plus**./ Elle **n'**a **pas** pleuré et **pas** ri **non plus** (10) *Umgangssprache*
Elle **n'**a **pas** pleuré **ni** ri. (10) *Umgangssprache*

22. **Ni** Paul **ni** Antoine **n'**ont répondu à nos questions. (8)
23. Maman **n'**a dit **ni** oui **ni** non. (7)
24. Il a promis de **ne pas** rentrer après dix heures. (14)
25. Malheureusement elle **ne** fait **aucun** progrès. (4)
    Malheureusement elle **ne** fait **pas** de progrès. (☺ **I** p 59)
26. Il a laissé partir Marie sans **rien** faire. (12)
27. Il est entré sans avoir salué **personne**. (12)
28. Je **n'**ai **aucune** nouvelle pour toi. (4)
29. Il **ne** ressemble à **personne**. (2)
30. Qu'est-ce que tu bois? – Je **ne** bois **plus rien**. (15) Je **n'**ai **plus** soif. (☺ **I** p 58)
    J'ai **seulement** faim. (1/Merke 2)
31. Qui t'a rendu visite hier? – **Personne**. (☺ **I** p 65)
32. Qu'est-ce que vous avez fait ici? – **Rien**. (☺ **I** p 65)
33. De qui est-ce que vous parlez? – De **personne**. (☺ **I** p 65)
34. De quoi est-ce que vous parlez? – De **rien** d'important. (☺ **I** p 65)
35. **Rien ne** l'intéresse. (3)
36. **Seules** les bandes dessinées l'intéressent. (1/Merke 3)
37. Je **n'**achète **que** de la bière, du vin et de l'eau minérale. (1/Merke 4)
38. Elle est **non seulement** très charmante **mais aussi** / **mais encore** très serviable. (11)
    Elle **n'**est **pas seulement** très charmante **mais aussi** / **mais encore** très serviable. (11)
39. Elle **ne** doit, **ni ne** peut, **ni ne** veut sortir avec Pierre. (9)
40. Tu **n'**as **pas du tout** changé(e). / Tu **n'**as **pas** changé **du tout**. (13)

pages 16/17

Le samedi soir nous **étions** tous à la maison.
Dehors il **pleuvait** et il **faisait** très froid, mais chez nous c'**était** très confortable. *(Beschreibung, Einleitung)*
Maman **lisait** le journal, papa **regardait** les nouvelles à la télé, Pierre et moi **faisions** la vaisselle dans la cuisine *(gleichzeitig nebeneinander verlaufende Handlungen)*, grand-mère, qui nous **rendait** visite très souvent *(regelmäßig wiederkehrende Handlung)*, **tricotait**, et Gérard **jouait** au train électrique *(gleichzeitig nebeneinander verlaufende Handlungen)*.
Il **était** presque huit heures *(Beschreibung einer Situation)* quand tout à coup le téléphone **a sonné** *(neu einsetzende Handlung)*.
C'**était** mon oncle d'Autriche qui **annonçait** sa visite *(Beschreibung)*.
Alors nous **avons** vite **préparé** la chambre d'ami *(neu einsetzende Handlung)*. D'abord Pierre **a passé** l'aspirateur, ensuite il **a nettoyé** le lavabo et puis il **a épousseté** les meubles *(hintereinander ablaufende, abgeschlossene Handlungen)*.
Maman **s'est mise** à préparer un petit goûter pour son beau-frère et après je l'**ai aidée** à faire le lit *(hintereinander ablaufende, abgeschlossene Handlungen)*.
À neuf heures papa **est allé** à la gare chercher son frère et je l'**ai accompagné** *(neu einsetzende Handlung)*.
Oncle Marc **était** un homme grand, sportif, beau comme un dieu, aux yeux marrons et aux tempes grisonnantes *(Beschreibung)*. Le long de son visage basané il **avait** des boucles de couleur foncée *(Beschreibung)*. Il **ressemblait** à un méridional *(Beschreibung)*, parce qu'il **parlait** toujours avec ses mains et ses bras *(regelmäßig wiederkehrende Handlung)*, et toujours quand il nous **rendait** visite, maman **mettait** en sécurité tous les verres *(regelmäßig wiederkehrende Handlung)* qui **se trouvaient** sur la table *(Beschreibung)*.
Et son sourire! Des dents comme des perles **brillaient** *(Beschreibung)* entre ses lèvres et son rire **était** toujours contagieux *(Beschreibung, regelmäßig wiederkehrende Handlung)*. Tout le monde l'**aimait**, surtout les femmes *(Beschreibung)*!
Il les **enchantait**. *(Beschreibung, regelmäßig wiederkehrende Handlung)*.
Mais ce jour-là il n'**est** pas **descendu** du train seul, non, une blonde l'**a suivi** *(neu einsetzende Handlung)*. Elle **portait** une jupe courte à carreaux rouges et noirs et un pull noir qui **révélait** une silhouette de mannequin *(Beschreibung)*. Ses cheveux blonds, mi-longs **étaient** coiffés d'une manière coquine et chic *(Beschreibung)*.
Comme il **faisait** froid *(Beschreibung des Wetters)*, elle **a mis** son manteau *(neu einsetzende Handlung)* qui **ressemblait** à un poncho mexicain *(Beschreibung)* et elle **a marché** gracilement près de mon oncle *(neu einsetzende Handlung, Haupthandlung)*.
J'ai pensé *(neu einsetzende Handlung, Haupthandlung)* ‹‹Quelle femme!››, et je **suis devenu** tout rouge *(neu einsetzende Handlung, Haupthandlung, Frage: was geschah dann?)*.
Oncle Marc nous **a embrassés** cordialement et il nous **a présenté** Régine. On l'**a embrassée**, elle aussi *(neu einsetzende Handlung, Haupthandlung)*. Elle **sentait** divinement bon *(Beschreibung)*.
Ensuite j'**ai pris** la valise de Régine et on **est monté** dans la voiture *(neu einsetzende Handlung, Haupthandlung)*.
À la maison on **s'est mis** à table et oncle Marc **a raconté** *(hintereinander ablaufende Handlung, Haupthandlung)* des histoires de son travail et comment il **a fait** la connaissance de Régine *(abgeschlossene Handlung in der Vergangenheit)*.

Ils **étaient** vraiment un couple de rêve *(Beschreibung)* et de temps en temps oncle Marc **touchait** la main de son amie avec une tendresse chaleureuse *(Beschreibung, wiederholte Handlung)*.
La soirée **est** vite **passée** *(abgeschlossene Handlung in der Vergangenheit)*. Les conversations **étaient** intéressantes *(Beschreibung)* et après minuit on **est allé** se coucher *(neu einsetzende Handlung, Haupthandlung)*.

À traduire: (*voir page* 15)
1. Il a eu faim.
2. Madame Legrand mourait.
3. Quelquefois nous le voyions là-bas.
4. Elle avait rarement peur.
5. Nous l'avons su cet été.
6. Et si on passait / nous passions nos vacances à Paris?
7. Les enfants avaient soif.
8. Il l'a connue à Vienne.
9. Il la connaissait depuis longtemps.
10. Tout à coup elle s'est tue.
11. Je suis tombé(e) malade.
12. Il était très malade.

Justifiez l'emploi de l'*imparfait* et du *passé composé* et trouvez les règles:

1. Imparfait / règle 2
2. Imp/1
3. Passé composé / règle 2, Imp/4
4. Imp/1
5. Pc/3
6. Imp/5, Pc/3
7. Pc/2
8. Pc/1
9. Imp/3
10. Imp/7
11. p15 *Vergleiche*
12. p15 *Vergleiche*
13. p15 *Vergleiche*
14. Imp/1 (Immer wenn er von seiner Jugend erzählte .....)
15. Pc/1 (Als er von .....)

pages 18/19/20

Die Lösungen hängen davon ab, ***was*** *man ausdrücken will.*
Manchmal gibt es mehrere richtige Lösungsansätze.
Hier einige Vorschläge:

1. attendait, avait (Imparfait/règle 4)
2. est entré, l'ont salué (Passé composé/ règle 3) / entrait, le saluaient (Imp/1)
3. faisait, est rentrée (Imp/5, Pc/3)
4. était, est entré (Imp/5, Pc/3)
5. est venu (Pc/3), était (Imp/4), apportait (Imp/1)
6. s'est mise (Pc/3), était (Imp/4)
7. suis entré(e) (Pc/3) , avait (Imp/4)
8. entrait, saluaient (Imp/1)
9. était, portait, avait (Imp/4)
10. avons pris (Pc/3), était, attendait (Imp/4)
11. passions, était, dormions, nous levions, prenions, faisions, lisions (Imp/1)
12. étais, vivions (Imp/4)
13. était, avait (Imp/4)
14. étions, était, pleuvait (Imp/4), a frappé, m'a regardé, m'a dit (Pc/1)
15. traversait, devait, était (Imp/1)
16. a vécu (Pc/1)
17. ne fumait pas (Imp/4), a pris, l'a allumée, a commencé (Pc/1)
18. connaissait (Imp/4)
19. était, était, pleurait (Imp/4)
20. ne nous levions pas (Imp/1)
21. avait, me dérangeait, voulais (Imp/1/4)
22. dormait, se reposait, lisait (Imp/2)
23. J'étais (Imp/5), est entrée (Pc/3)
24. s'approchait, la prenait, l'embrassait (Imp/6)
25. est entré, a pris (Pc/1), se trouvait (Imp/4)
26. est entré, s'est levé, l'a salué (Pc/1) / entrait, se levait, le saluait (Imp/1)
27. a taquiné (Pc/1/3), pleurait (Imp/4) *(die schon weinte)* / a pleuré (Pc/3) *(die daraufhin weinte)*
28. a connu (p 15 /*Vergleiche*)
29. savait, avait (Imp/4), l'a su (p 15 /*Vergleiche*)
30. a commencé (Pc/3)
31. la connaissait, l'aimait (Imp/4, *Signalwörter*)
32. embrassait, pleurait (Imp/4) *(die schon weinte)*

33. courait (Imp/3)
34. passions (Imp/1)
35. ont passé (Pc/2)
36. portait (Imp/1)
37. me suis levé(e) (Pc/1)
38. a dormi (Pc/1)
39. est partie (Pc/3), dormait (Imp/5)
40. a téléphoné (Pc/3)
41. a trouvé (Pc/3)
42. se sont souri *(keine Übereinstimmung im 3. Fall*: sourire **à** qn. / ☺ **III** p 62/3*)*, se sont donné *(keine Übereinstimmung im 3. Fall*: donner **à** qn. / ☺ **III** p 62/3*)*, a demandé (Pc/1)
43. nous sommes parlé *(keine Übereinstimmung im 3. Fall*: parler **à** qn. / ☺ **III** p 62/3*)* (Pc/1), était (Imp/4)
44. se reposait, lisait (Imp/2)
45. j'ai dormi (Pc/1)
46. avait (Imp/4)
47. est sorti (Pc/3)
48. regardais (Imp/5), est arrivé (Pc/3)
49. l'a connue (Pc/3; p 15/*Vergleiche*), travaillait(Imp/5)
50. avait (Imp/4), n'avais pas (Imp/4), j'ai décidé (Pc/3)
51. est tombé (Pc/2)
52. s'est mise (Pc/3), répétait (Imp/3)
53. a duré (Pc/1)
54. savait (Imp/3)
55. prenait (Imp/1)
56. a tiré (Pc/2)
57. changeait (Imp/7)
58. faisait, avait (Imp/4)
59. allions (Imp/1)
60. pleurait (Imp/5), est entrée (Pc/3)
61. a pleuré (Pc/3)
62. faisaient (Imp/1)
63. a commencé (Pc/3)
64. était, s'écrivait (Imp/1)
65. faisaient (Imp/1)
66. étaient, passaient (Imp/1)
67. aimions (Imp/1)
68. est tombé (Pc/2)
69. jouait, écoutait (Imp/2)
70. riait (Imp/3)
71. faisait (Imp/7)
72. as connu (Pc/3; p 15/ *Vergleiche*)
73. rendait (Imp/1)

page 22

1. excitants
2. coquette
3. gros (☺ **III** p 80/81, Achtung 1)
4. jeunes
5. merveilleuses
6. gentille *(mit **tante** übereingestimmt)* / gentil *(mit **air** übereingestimmt)*
7. inquiètes
8. cher (☺ **III** p 80/81, Achtung 1)
9. malheureuse
10. net (☺ **III** p 80/81, Achtung 1)
11. charmante *(mit **voisine** übereingestimmt)* / charmant *(mit **air** übereingestimmt)*
12. faux (☺ **III** p 80/81, Achtung 1)
13. certaine
14. mauvaise
15. juste (☺ **III** p 80/81, Achtung 1)
16. aimables *(mit **amies** übereingestimmt)* / aimable *(mit **air** übereingestimmt)*
17. belles
18. belles
19. bas (☺ **III** p 80/81, Achtung 1)
20. dur (☺ **III** p 80/81, Achtung 1)
21. fatigués *(mit **garçons** übereingestimmt)* / fatigué *(mit **air** übereingestimmt)*
22. clair (☺ **III** p 80/81, Achtung 1)
23. malheureuse, seule
24. cher (☺ **III** p 80/81, Achtung 1)
25. ridicules
26. droit (☺ **III** p 80/81, Achtung 1)
27. fausse
28. seule
29. calme (Singular, Höflichkeitsform) / calmes (Plural)
30. faux (☺ **III** p 80/81, Achtung 1)
31. ferme (☺ **III** p 80/81, Achtung 1)
32. bon (☺ **III** p 80/81, Achtung 1)
33. dangereuse
34. lourd (☺ **III** p 80/81, Achtung 1)
35. fausse
36. gros (☺ **III** p 80/81, Achtung 1)
37. courte
38. tranquille (☺ **III** p 80/81, Achtung 1)
39. haut (☺ **III** p 80/81, Achtung 1)

page 24

Es gibt verschiedene Lösungsmöglichkeiten.
Hier einige Vorschläge:

1. plus rapidement que / plus vite que
2. le plus facilement
3. plus couramment que
4. moins précisément que / moins exactement que
5. le plus rapidement / le plus vite
6. plus rarement que
7. le plus
8. plus lentement / moins vite
9. plus longuement
10. plus tranquillement / plus calmement
11. mieux que, le mieux
12. plus mal que / moins bien que
13. aussi correctement qu'
14. le plus sérieusement / le plus soigneusement
15. beaucoup (*voir aussi* ☺ **III** p 85) / bien
16. plus précisément
17. moins bien que / plus mal que
18. le plus gentiment
19. plus poliment
20. le plus souvent / le plus fréquemment
21. mieux
22. très bien, le plus lentement / le moins vite
23. le mieux
24. le moins
25. plus profondément
26. plus attentivement
27. aussi bien que
28. le plus rarement
29. plus correctement que
30. le plus mal
31. aussi bien que
32. le mieux
33. pis (☺ **III** p 76, Merke 3)
34. le plus mal / le moins bien
35. plus facilement

pages 28/29

Für die Bildung des passé composé mit ***avoir*** *oder* ***être*** *siehe* ☺ **I** p 86/87.
Für die ***Übereinstimmungsregeln*** *bitte* ☺ **III** p 61 *wiederholen!*

1. **a** sorti (règle 1)
2. **est** descendue (1)
3. **as** monté (1)
4. **est** passée (1)
5. **a** sorti (1)
6. **ai** montés (1)
7. **est** rentrée (1)
8. **sommes** monté(**e**)**s** (1)
9. **est** descendue (1)
10. **ont** passé (1)
11. **sont** montés (1)
12. **est** sortie (1)
13. **est** remontée (1)
14. **sommes** rentré(**e**)**s** (1)
15. **a** beaucoup changé (4)
16. **a** sorti (1)
17. **a** descendu (1)
18. **ont** remonté (1)
19. **ont** passé (1)
20. **es** montée (1)
21. **a** passé (4)
22. **êtes** entré(**e**)(**s**) (1)
23. **est** divorcée (4)
24. **a** paru / **est** paru (3)
25. **a** monté (1)
26. **est** retournée (☺ **I** p 87)
27. **est** passée (1)
28. **ont** descendu (1)
29. j'**ai** grossi (☺ **I** p 86)
30. **ont** monté (1)
31. **est** passée (1)
32. **sont** retournés (☺ **I** p 87)
33. **as** déjà monté (1)
34. **es** passé(**e**) (1)
35. **êtes** monté(**e**)(**s**) (1)
36. **êtes** rentré(**e**)(**s**) (1)
37. **est** passé (4)
38. **est** descendue (1)
39. **ont** passé (4)
40. **êtes** sortis (1)
41. **sont** passés (1)
42. **a** vieilli (4)
43. n'**ai** pas encore réussi (4)
44. **ont** passé (1)
45. n'**ai** pas encore sorti (1)
46. **sont** accourus / **ont** accouru (3)
47. **a** passé (2) *(verblassen)*
48. **est** parue / **a** paru (3)
49. **a** sorti (1)
50. **a** monté (1)
51. **a** descendu (1)
52. **ont** rentré (1)
53. **est** montée (1)
54. **ont** descendu (1)
55. **a** passé (1)
56. **a** sorti (1)
57. **a** descendu (1)
58. **ont** sorti (1)
59. **est** descendu (1)
60. **a** rentré (1)
    (hat sein Hemd wieder in die Hose gesteckt)
61. **est** remonté (1)
62. **a** descendu (1)
63. **est** rentré (1)
    (ist wieder in sein Bachbett zurückgekehrt)
64. **a** descendu (1)
65. ne **sont** pas revenus (☺ **I** p 87)
66. **est** rentrée (1)
67. **a** passé (4)
68. **est** passé (1)
69. **ont** monté (1)
70. **a** beaucoup maigri (☺ **I** p 86)
71. **a** beaucoup monté (1)
72. **est** montée, **est** descendue (1)
73. **sommes** convenu(e)s (2) (literarisch) / **avons** convenu (Umgangssprache)
74. **a** disparu (*ist verschwunden*) / **est** disparue (*ist verstorben*) (2)
75. **a** convenu (2)
76. **est** passée (1)
77. **a** sorti (1)

pages 34/35/36

1. Tout (règle 3d)
2. toutes (règle 1)
3. tous (1)
4. toute (1)
5. tous (2)
6. Tous (1)
7. Tout (2)
8. tous <u>ceux</u> (2/Achtung)
9. toutes (2)
10. toute (1)
11. tout (2)
12. toute (1)
13. toutes (1)
14. tous (2)
15. tous (1)
16. Toute (1)
17. tous (2)
18. toute (1)
19. tout (2)
20. Tout (2)
21. Toutes (1)
22. tous (2)
23. toutes (2)
24. tous (2)
25. tous / toutes (2)
26. toutes (2)
27. tout (1)
28. toute (1)
29. Tous (1)
30. Tout (3d)
31. tout (3d)
32. toute (3a)
33. tous (2)
34. tout (1)
35. tout (1)
36. Toute (1)
37. Tous (1)
38. Toutes (1)
39. tous (2)
40. tous (1)
41. tous (1)
42. toute (1)

43. Tous (1)
44. tous (1)
45. Tout (2), toute (1)
46. tout (2)
47. tout (2)
48. tout (2) *(Danke, das ist alles.)*
49. tout (2) *(ein wenig von allem)*
50. Tout (2) *(Ende gut, alles gut.)*
51. tous (2)
52. tout (1)
53. Toute (1)
54. tout (4a)
55. tout ce (2/Achtung)
56. tout (3c)
57. tous (1)
58. tout (1)
59. Tous (1)
60. toute (3a)
61. tout (2)
62. tout (2), tout (1)
63. tout (1), toute (3a)
64. toute (1)
65. tous (1)
66. toutes (1)
67. toutes (1), toutes (2)
68. tous (2)
69. tout (3b)
70. toutes (1)
71. tout (1)
72. toute (1), toutes (1)
73. tout (2)
74. tout (2)
75. toutes (2)
76. tous (1)
77. tous (4b)
78. tout (2), tout (2)
79. tout ce (2/Achtung)
80. Toutes (1)
81. tout (2)
82. toute (1)
83. tout (3b)
84. toute (3a)
85. Toutes (1)
86. toute (4b)
87. toute (3a)
88. tout (2)
89. toute (1)
90. toute (4b)
91. tous (2), tous (2)
92. Tout (4a)
93. tous (2)
94. tout (2)
95. Tout (1)
96. tout (2), tout (2)
97. toutes (2)
98. tout (2)
99. Toutes (1)
100. Tout (3d), tout (2)
101. toutes (3a)
102. Tous (1)
103. Toutes (1)
104. tout (3b)
105. tout (3b) *(ganz)* / toutes (2) *(alle)*
106. toute (3a)
107. tout (3b)
108. tout (4a), tout (4a)
109. tout ce (2/Achtung)
110. toutes (1)
111. tous (2)
112. toutes (2)
113. tout ce (2/Achtung)
114. Tout ce (2/Achtung)
115. tout (3d)
116. tout (3b)
117. toutes (2; 3a)
118. tous (2) *(alle)* / tout (3b) *(ganz)*
119. tout (4a)
120. tout, tout (4a)
121. tout (3d)
122. tout (3d)
123. tout (3b)
124. toute (4b)
125. tout (3d)
126. toute (3a)
127. tous (1), toute (4b)

page 38

1. chaque (règle 2) *(à chaque instant = ständig) / tout (*p 33/règle 4a)
2. tout (p 30/règle 2)
3. chaque (2) *(zwischen den einzelnen Sätzen)*
4. Chacun (m) / chacune (f) (1) *(jeder der beiden, alle beide)*
5. Tout (p 30 règle 1)
6. tous (p 30/2) *(für alle)* / chacun (1) *(für jeden einzelnen)*
7. Chaque (2)
8. Chacun / Chacune (1)
9. tout (p 33/4a)
10. toute (p 30/1)
11. Chacune (1)
12. chaque (2)
13. Chacun / Chacune (1)
14. tout (p 32/3c)
15. Chacun (1)
16. chacun / chacune (1) *(für jeden einzelnen)* / tous / toutes (p 30/2) *(für alle)*
17. Chacune (1)
18. toute (p 31/3a)
19. chaque (2)
20. chaque (2)
21. Chacun (1)
22. tous (p 30/2) *(alle)*
23. Chacune (1)
24. chaque (2)
25. Chacun (1)
26. toutes (p 30/2)
27. toutes (p 30/1), Chacune (1)
28. tout (p 31/3b)
29. chacune (1)
30. Chacun/e (1)
31. chaque (2)
32. Tout (p 32/3d)
33. chacun (1)
34. Chaque (2)
35. Chacun (1)
36. Tout (p 30/1)
37. chacune (1)
38. tous (p 30/1)
39. chaque (2)
40. chaque (2)

page 40

1. fait / laissé
2. laisse / fait
3. fait / a fait
4. rend
5. Laisse / Laissez
6. rend
7. fait / a fait
8. laissé(e)s (☺ **III** p 58)
9. rends
10. fait / a fait
11. fait (☺ **III** p 58/Achtung)
12. rendu(e)s
13. fait
14. laisses / as laissés (☺ **III** p 58)
15. rendue
16. laissée (☺ **III** p 58)
17. fait
18. laisses
19. laisse / a laissé / fait / a fait
20. rendu(e)
21. fait / a fait
22. laissé(e) (☺ **III** p 58)
23. fait (☺ **III** p 58/Achtung)
24. rendu
25. fait / a fait / va faire
26. fait
27. laisse / fais
28. rendu
29. fais / ai fait
30. fait / a fait / va leur faire (Achtung Wortstellung!)
31. Laisse- / Laissez-
32. rendu(e)
33. fait
34. rend / a rendu / va rendre
35. rends
36. rendre
37. laissé(e) (☺ **III** p 58)
38. fait (☺ **III** p 58/Achtung)
39. rend
40. fait (☺ **III** p 58/Achtung), laissé(e)s (☺ **III** p 58)
41. rendu

pages 44/45

1. auriez
2. faudrait
3. serait
4. feraient
5. voudrais
6. aurais
7. ferait
8. serait
9. devraient
10. aurait
11. faudrait
12. irais
13. aurions
14. seriez
15. serais
16. faudrait
17. Pourrais
18. aimerais
19. devrait
20. irait
21. aimerais
22. pourrait
23. aimerait
24. Aurais
25. Pourriez
26. faudrait
27. voudrait
28. pourrions
29. irait
30. pourraient
31. aurait *(Hat P. vielleicht Angst?)*
32. faudrait
33. serais
34. ferions
35. aurais *(Du hast sicherlich Hunger.)*
36. iraient
37. pourrais
38. faudrait
39. voyagerais
40. feraient
41. n'achèterais pas
42. pourrais
43. devrais
44. ferait
45. Sauriez
46. donnerais
47. Auriez
48. ne pourrait pas
49. seriez
50. aurait *(Es gibt angeblich 53 Schwerverletzte.)*
51. viendrait
52. serais (eig. con.II.: voir p 55)
53. croirais *(Ich würde diese Geschichte nicht glauben.)*
54. serait
55. serait
56. aurait *(Hätte dein Vater vielleicht recht?)*
57. ferais *(Du tätest gut daran, ein wenig Geld zu sparen.)*
58. recevrais
59. verrions
60. serais *(Was! Ich sollte ein Alkoholiker sein!)*
61. aurait
62. finirais *(Ich wusste, dass du uns schließlich helfen würdest.)*
63. dirais *(Wie! Ich sollte nicht die Wahrheit sagen!)*
64. voudrions
65. pourrais
66. paierais
67. pleuvrait
68. achèterait
69. partiraient
70. aimerais
71. Pourriez
72. aimerais
73. serait
74. devrait *(Er sollte auf Zigaretten verzichten.)*
75. écrirais
76. serait
77. liriez, feriez
78. voudrais
79. ferait *(Würde es Ihnen Vergnügen bereiten, mich zu begleiten?)*
80. Pourriez
81. pourrait
82. faudrait

page 49

1. jouera
2. passeras
3. pourra
4. ferons
5. partirai
6. irons
7. devrez
8. pourra
9. sortiras
10. promènerez-vous
11. saura
12. viendrai
13. devrons
14. ferez
15. passeras
16. arrêterai
17. Pourras, verra
18. serai
19. aura
20. aurons
21. serez
22. paierez
23. courrai
24. rentreras
25. téléphonerai
26. sera, ira
27. auront
28. ira
29. arrêtera
30. reviendra
31. auront
32. serons
33. me reposerai, enverra
34. boiront
35. reverra
36. dînerons
37. suivrez, tournerez
38. serai

page 52

1. se sera amusé
2. aura passé
3. seront arrivé**s**
4. aurons acheté
5. seront parti**es**
6. auras reçu
7. aura fait
8. aurez beaucoup nagé
9. auront fini
10. aurai pris
11. aura passé
12. aura vu
13. auront déménagé
14. sera rentré**e**
15. seront sorti**s**
16. sera arrivé
17. aurons terminé
18. serai déjà parti**e**
19. aurez tout préparé
20. aura oublié
21. auras fini
22. aura terminé
23. aurez vu
24. aura changé
25. aura certainement manqué
26. se seront endormi**s**
27. aurez lu
28. sera entré
29. aura envoyé**e**
30. serai rentré(**e**)

page 54

1. J'avais déjà fini
2. étaient parti**es**, avait commencé
3. avait déchiré
4. avaient déjà attendu
5. avait terminé
6. avait volé
7. avait perdu
8. avait oublié
9. avait passé
10. avait terminé
11. avions entendu, avions couru
12. était déjà parti**e**
13. avaient déjà compris
14. avait mis
15. ne m'avait jamais demandé
16. avait dit
17. s'était enfin endormi
18. avait pris
19. était arrivé**e**, s'était mi**se**
20. s'était terminé**e**
21. n'était pas rentré**e**
22. avait fini

page 56

1. Il n'**aurait** pas **su** cela!
2. Elle vous **aurait téléphoné**.
3. **J'aurais pris** le train à neuf heures.
4. Ils / Elles **auraient** / Vous **auriez aimé** rester plus longtemps.
5. Il ne **serait** pas **venu** avant six heures.
6. On a / Nous avons entendu dire qu'Antoine **aurait gagné** un voyage.
7. Il a pensé qu'ils **seraient arrivés** en retard.
8. Elle m'a téléphoné que Nathalie **aurait déménagé**.
9. On a dit à la radio que les prix du pain **auraient augmenté**.
10. Il nous a raconté qu'il **aurait trouvé** une femme extraordinaire.
11. Il **aurait pu** te voir.
12. Pourquoi **serais**-tu **resté(e)**?
13. Il a dit qu'il **aurait réussi** à son examen.
14. Selon lui, ils / elles **seraient venu(e)s** hier.
15. Tu **aurais dû** manger moins.
16. La police **aurait trouvé** l'homme.
17. À ta place j'**aurais pleuré**.
18. Tu **serais sortie** avec lui, Marie?
19. Il **aurait pu** nous apporter le journal.
20. On **aurait** d'abord **dû** parler avec elle.
21. Ils n'**auraient** pas **attendu**.
22. **Serait**-elle déjà **partie**?
23. Vous **seriez restés / restées**.
24. Elle **aurait pu** vous inviter.
25. Elle n'**aurait** pas **pu** te donner la lettre.

page 57

1. **aurait bloqué** *(Skepsis)*
2. **aurait trouvé** *(Skepsis)*
3. **aurait fait** *(Empörung)*
4. **seraient venues** *(Skepsis, zurückhaltende Vermutung)*
5. **auraient intéressé(e)s**
6. **aurait passé** *(Skepsis)*
7. n'**aurait** pas **pu** *(Skepsis, Empörung)*
8. **aurait quitté** *(Skepsis)*
9. **serait mort** *(Skepsis)*
10. n'**aurait** pas **oublié** *(zurückhaltende Vermutung)*
11. **auriez eu** *(Empörung)*
12. **auraient diminué** *(Skepsis)*
13. **aurions** ... **abîmé** *(Empörung)*
14. **aurait** ... **trouvé** *(Empörung)*
15. **aurait été** *(Ironie)*
16. **aurait** ... **acheté** *(zurückhaltende Vermutung)*
17. **aurais** ... **voulu** *(Ironie)*
18. **Seraient** ... **parties** *(Skepsis, Empörung)* *(Sollten sie etwa schon gegangen sein?)*
19. **auraient trouvé** *(Skepsis)*
20. **aurait commis** *(Skepsis, Empörung)*
21. **aurait pu** *(Empörung)*
22. **auraient été** *(Skepsis)*
23. n'**aurait** jamais **su** *(Empörung)*
24. ne l'**aurait** pas **fait** *(zurückhaltende Vermutung, Ironie)*
25. ne **seriez** pas **allés** *(Empörung)*
26. **aurais pu** *(Empörung)*
27. **auraient ... écrit** *(zurückhaltende Vermutung)*
28. **auriez cru** *(Skepsis, Ironie)*

pages 60/61/62

1. Si tu as mal à l'estomac, tu **bois** de l'infusion de camomille. (wirklich, generell, immer) (règle 1a)
   Si tu as mal à l'estomac, tu **boiras** de l'infusion de camomille. (wirklich; einmalige Situation) (règle 1b)
2. Si je savais jouer de la guitare, je **serais** content. (règle 2a)
3. Si tu veux, tu **peux** (wirklich,generell, immer) (règle 1a) / **pourras** (wirklich; einmalige Situation) (règle 1b) rester chez nous.
4. Si je n'avais pas oublié son numéro de téléphone, je **pourrais** lui téléphoner <u>maintenant</u>. (Unmöglichkeit auf Gegenwart, *maintenant,* bezogen) (règle 3a)
5. Si vous voulez, je **passerai** à la poste. (wirklich; einmalige Situation) (règle 1b)
6. Si on avait de l'argent, on **pourrait** aller au restaurant. (Möglichkeit) (règle 2a)
7. Si nous avions eu de l'argent, nous **aurions pu** aller au bar. (Unmöglichkeit auf Vergangenheit bezogen) (règle 3b)
8. Si je n'étais pas si nerveuse, je **pourrais** jouer au théâtre. (règle 2a) /... j'**aurais pu** jouer ... (Möglichkeit auf Vergangenheit bezogen) (règle 2b)
9. S'il **avait pris** l'avion, il aurait pu participer à la réunion. (règle 3b)
10. Si vous aviez envie, nous **pourrions** faire une promenade. (règle 2a)
11. Si j'étais riche, je m'**achèterais** une Mercedes. (règle 2a) / je me **serais acheté** une ... (règle 2b)
12. Si vous arrivez avant trois heures, **informez**-moi! (règle 1c)
13. Si vous nous aviez écrit, nous **serions venu(e)s** tout de suite. (règle 3b)
14. J'aurais visité la tour Eiffel et le Louvre si j'**étais allé(e)** à Paris. (règle 3b)
15. Si elle travaillait plus sérieusement, elle **aurait** de meilleures notes. (règle 2a) / ... elle **aurait eu** ... (règle 2b)
16. S'il **fait** beau demain, on ira à la plage. (règle 1b)
17. Si Pierre a de la fièvre, il **doit** (règle 1a) / **devra** rester à la maison. (règle 1b)
18. S'il **était tombé** malade, nous lui aurions rendu visite. (règle 3b)
19. Si j'étais à ta place, je **resterais** à la maison. (règle 2a) / ... je **serais resté(e)** ... (règle 2b)
20. S'il pleut cet après-midi, je ne **sortirai** pas le chien. (règle 1b)
21. Si j'**avais eu** le temps, je serais allé au cinéma. (règle 3b)
22. S'il y avait eu moins de vent, on **aurait pu** faire une promenade en bateau. (règle 3b)
23. Si je **gagnais** le gros lot, je ferais le tour du monde. (règle 2a)
24. Si Paul l'aimait vraiment, il **ne serait pas parti** (règle 2b) / **ne partirait pas** (règle 2a) / aux États-Unis.
25. Si vous connaissez la vérité, vous **devez** la dire! (règle 1a) / ... **devrez** .... (règle 1b)
26. Si tu avais écouté, tu **n'aurais pas eu** de difficultés (règle 3b) / tu **n'aurais pas** de difficultés (règle 3a)
27. Si j'**avais** une Porsche, je pourrais rouler plus vite. (règle 2a)
28. Nous **pourrions** inviter beaucoup de monde si nous avions une plus grande maison. (règle 2a) / Nous **aurions pu** ... (règle 2b)
29. Si j'avais connu cette chanson, j'**aurais pu** la chanter. (règle 3b)
30. Si tu trouves les clés, **dis**-le tout de suite! (règle 1c)
31. S'il **avait** une maison au bord du lac, il pêcherait tous les jours. (règle 2a)
32. Si Claudine était plus grande, elle **pourrait** jouer au volley. (règle 2a) / ... elle **aurait pu** jouer ... (règle 2b)
33. S'il avait neigé, on **aurait pu** (règle 2b) / on **pourrait** (règle 2a) faire du ski.
34. Si vous **avez** un nouvel ordinateur, dites-le! (règle 1c)
35. Si François le savait, il nous le **dirait**. (règle 2a)
36. Si Bertrand s'était excusé, elle **ne serait pas partie** sans mot dire. (règle 3b)
37. Si tu changes d'avis, **écris**-moi! (règle 1c)
38. S'il fait mauvais demain, nous **devrons** rester à la maison. (règle 1b)
39. Tu m'**aurais informé**, si j'étais venu? (règle 3b)
40. Je t'aurais envoyé le paquet si tu me l'**avais demandé**. (règle 3b)

41. Si tu avais eu besoin de mes livres, tu **aurais pu** les prendre. (règle 3b)
42. Si jamais tu **changes** d'avis, dis-le-moi. (règle 1c)
43. Ce serait vraiment super si tu nous **rendais** visite! (règle 2a)
44. Si la police n'avait pas arrêté le gangster, la ville **serait** alarmée (règle 3a) / ... **aurait été** alarmée (règle 3b).
45. Il ne sait pas s'il **aura / aurait** le courage d'informer son prof.
    (**Achtung Falle**! ***si*** = heißt hier ***ob***) (p 59/Achtung)
46. Je lui **aurais donné** des conseils s'il m'avait écouté. (règle 3b)
47. S'il **faisait** plus chaud, nous pourrions prendre le dîner sur la terrasse. (règle 2a)
48. Si tu avais regardé la télé, tu **connaîtrais** les nouvelles maintenant. (règle 3a)
49. Si vous **avez** peur, dites-le-moi! (règle 1c)
50. Si tu travaillais plus, tu **serais** meilleur en anglais. (règle 2a)
51. Tu **serais** meilleur en français si tu partais en France. (règle 2a)
52. Si vous **rencontrez** Monsieur Barthou, donnez-lui ce paquet. (règle 1c)
53. Si j'étais à sa place, je **m'excuserais** (règle 2a) / **me serais excusé(e)**. (règle 2b)
54. Si je n'avais pas eu d'examen, je **serais sorti(e)** avec toi. (règle 3b)
55. Si tu ne mets pas ton manteau, tu **auras** un gros rhume! (règle 1b)
56. Je voudrais savoir s'il **a déjà trouvé** ses clés. (**Achtung Falle**! ***si*** = heißt hier ***ob***) (p 59/Achtung)
57. Si Anne ne peut pas arriver, elle nous **préviendra**. (règle 1b)
58. Si tu **t'étais concentrée**, tu aurais certainement gagné, Marie. (règle 3b)
59. J'**irais** au théâtre une fois par semaine si je vivais à Vienne. (règle 2a)
60. Si grand-mère **n'avait pas perdu** ses lunettes, elle aurait pu regarder ce film. (règle 3b)
61. Il m'a demandé si **j'avais déjà réservé** (siehe: *Zeitenfolge* p 88) les chambres d'hôtel.
    (**Achtung Falle**! ***si*** = heißt hier ***ob***) (p 59/Achtung)
62. Ce serait très poli s'il **ouvrait** la porte à son amie. (règle 2a)
63. Si tu me le permets, je te **poserai** une question difficile. (règle 1b)
64. Si j'avais su cela, je ne lui **aurais jamais prêté** l'argent. (règle 3b)
65. Si vous aviez fini vos devoirs, vous **pourriez** (règle 3a) / **auriez pu** aller dans le jardin. (règle 3b)
66. Si Françoise **arrive** la première, dis-lui d'attendre, s'il te plaît. (règle 1c)
67. **Allez**-y si vous avez envie. (règle 1c)
68. Si elle avait pris ses médicaments, elle **n'aurait pas eu** de crise cardiaque. (règle 3b)
69. Même si *(selbst wenn)* elle **s'excuse**, Claudine ne veut plus lui parler. (règle 1a)
70. Tu **auras** de beaux cadeaux si tu es tranquille maintenant. (règle 1b)
71. Si les invités **sont** là, informez-nous. (règle 1c)
72. Même si *(selbst wenn)* elle **arrivait** maintenant, on ne pourrait plus attendre. (règle 2a)
73. Si tu avais connu Cyril, tu **serais** (règle 3a) / **aurais été** ravi de lui. (règle 3b)
74. Si tu as mal à la gorge, **reste** au lit. (règle 1c)
75. S'il n'avait pas eu d'ange gardien, il **serait** mort maintenant. (règle 3a)
76. Même si **nous nous dépêchions**, nous serions en retard. (règle 2a)
77. Est-ce que tu pourrais me dire si les enfants **sont déjà arrivés**?
    (**Achtung Falle**! ***si*** = heißt hier ***ob***) (p 59/Achtung)
78. Si le vent est aussi fort, nous ne **pourrons** pas faire de la planche à voile. (règle 1b)
79. L'avion ne pourrait pas décoller s'il **continuait** à pleuvoir comme ça. (règle 2a)
80. Elle **ne peut pas** (règle 1a) / **ne pourra pas** courir si elle a mal à la tête. (règle 1b)
81. Elle ne veut pas aller à la fête, si François y **va** aussi. (règle 1a) (**Anmerkung**: *futur* wäre hier unmöglich, weil nach **y** kein **futur** bzw. **conditionnel** vom Verb ***aller*** stehen kann: ☺ **III** p 27/Anmerkung 1)
82. Si ce film était vraiment intéressant, on **irait** au ciné. (règle 2a) / ... on **serait allé** (règle 2b)
83. Si leur maison avait eu une assurance contre les inondations, la compagnie **aurait payé** (règle 3b) / **paierait** les dégâts. (règle 3a)
84. Si tu traverses la rue, **sois** prudent! (règle 1c) (☺ **I** p 48, *l'impératif*)

page 65

1. le tien
2. la mienne
3. le sien
4. la nôtre / la mienne
5. le leur
6. le vôtre
7. le leur
8. la vôtre
9. le mien
10. la leur
11. les miens
12. les siennes
13. le vôtre
14. les miennes
15. les siennes
16. Le leur, le nôtre
17. les nôtres
18. les siens
19. Le mien
20. les nôtres
21. les miens
22. aux tiens
23. au tien
24. des siens
25. aux siennes
26. les leurs

27. les miennes
28. des leurs
29. des siens
30. Les tiennes
31. Les tiens
32. du mien
33. la tienne
34. à la sienne
35. du mien
36. des siennes
37. à la sienne

page 67

1. Laquelle
2. Lesquelles
3. laquelle
4. Lesquels
5. Laquelle?
6. Lesquels?
7. Lequel
8. lequel
9. laquelle
10. Laquelle
11. lequel
12. Lequel
13. Lesquelles?
14. À laquelle
15. Auquel
16. lesquelles
17. Laquelle
18. À laquelle / Auxquelles (goûter **à** qc.)
19. laquelle
20. Lesquelles
21. lesquels
22. Laquelle?
23. À laquelle?
24. Lequel?
25. Lequel?
26. Lesquels?
27. Laquelle
28. Lesquels?
29. Laquelle
30. Lesquels?
31. Lesquelles?
32. Lesquelles?
33. lequel
34. Lesquels
35. Auquel?
36. De laquelle?

pages 69/70

1. **que** (☺ **III** p16/2)
   (**Anm.**: Übereinstimmung nach **que:** ☺ **III** p 63/5)
2. **dont** (mourir de)
3. **que** (☺ **III** p16/2)
   (**Anm.**: Übereinstimmung nach **que:** ☺ **III** p 63/5)
4. **dont** (parler de)
5. **qui** (☺ **III** p16/1), **dont** (parler de)
6. **qui** (☺ **III** p16/1)
7. **dont** (connaître les parents de qn.)
8. **ce qui** (☺ **III** p17/3)
9. **dont** (avoir les cassettes de qn.)
10. **qui** (☺ **III** p16/1)
11. **dont** (parler de)
12. **que** (☺ **III** p16/2)
13. **dont** (p 63/Merke, *davon 2000* in Französisch)
14. **qui** (☺ **III** p16/1)
15. **dont** (p 63/Merke, *dessen Charme*)
16. **qui** (p 71/2: bei Personen: Präposition **à**+**qui**)
17. **dont** (p 63/Merke, *deren Mann*)
18. **ce qui** (☺ **III** p17/3)
19. **qui** (☺ **III** p16/1)
20. **dont** (parler de)
21. **qui** (☺ **III** p16/1)
22. **dont** (parler de)
23. **qui** (☺ **III** p16/1)
24. **dont** (parler de)
25. **que** (☺ **III** p16/2)
26. **dont** (*deren Mutter*)
27. **dont** (*dessen Sehenswürdigkeiten*)
28. **dont** (parler de)
29. **qu'** (☺ **III** p16/2)
30. **dont** (avoir besoin de)
31. **dont** (se souvenir de).
32. **dont** (avoir envie de)
33. **ce que** (☺ **III** p17/4)
34. **dont** (*dessen Gartenzaun*)
35. **dont** (être responsable de).
36. **qui** (☺ **III** p16/1)
37. **dont** (parler de)
38. **qu'** (☺ **III** p16/2) (**Anmerkung**: Übereinstimmung nach **que:** ☺ **III** p 63/5), **dont** (être fier de)
39. **ce qui** (☺ **III** p17/3)
40. **dont** (rêver de)
41. **dont** (avoir besoin de)
42. **dont** (*deren Gatten*)
43. **qui** (☺ **III** p16/1, *voir aussi* ☺ **II** p7/5)
44. **qui** (☺ **III** p16/1)
45. **que** (☺ **III** p16/2)
    (**Anm.**: Übereinstimmung nach **que:** ☺ **III** p 63/5)
46. **qu'** (☺ **III** p16/2)
    (**Anm.**: Übereinstimmung nach **que:** ☺ **III** p 63/5)
47. **dont** (*deren Photos*)
48. **dont** (*deren Mutter*)
49. **où** (☺ **III** p17/5)
50. **dont** (*von denen*, p 63/Merke)
51. **ce qu'** (☺ **III** p17/4)
52. **ce dont** (p 68/Merke)
53. **ce qui** (☺ **III** p17/3)
54. **dont** (*dessen Ursprung*)
55. **ce qu'** (☺ **III** p17/4) (p 31/Achtung)
56. **qui** (☺ **III** p16/1)
57. **que** (☺ **III** p16/2)
    (**Anm.**: Übereinstimmung nach **que:** ☺ **III** p 63/5)
58. **dont** (se souvenir de).
59. **qui** (☺ **III** p16/1)
60. **où** (☺ **III** p17/5)
61. **qui** (☺ **III** p16/1)
62. **qui** (☺ **III** p16/1)
63. **que** (☺ **III** p16/2)
    (**Anm.**: Übereinstimmung nach **que:** ☺ **III** p 63/5)
64. **dont** (parler de)
65. **dont** (parler de)
66. **dont** (avoir besoin de)
67. **dont** (*dessen Vater*)
68. **dont** (*dessen Schachtel*)
69. **dont** (parler de)

70. **dont** (être responsable de)
71. **où** (☺ **III** p17/5), **ce dont** (p 68/Merke)
72. **que** (☺ **III** p16/2) (**Anm.:** Übereinstimmung nach **que:** ☺ **III** p 63/5), **dont** (parler de)
73. **où** (☺ **III** p17/5)
74. **dont** (parler de)
75. **dont** (être enchanté de)
76. **que** (☺ **III** p16/2)
77. **où** (☺ **III** p17/5)
78. **où**, **où** (le jour **où** = der Tag **an dem**)

pages 76/77/78

1. **lesquelles** (p 72/ règle 4)
2. **dont** (p 68)
3. **qui** (☺ **III** p 16/1)
4. **dont** (p 68)
5. **lequel** (p 71/ règle 1)
6. **qui** (p 71 règle 2)
7. **laquelle** (p 72 / règle 4)
8. **que** (☺ **III** p 16/2)
9. **auquel** (p 71/ règle 1)
10. **qui** (p 71/ règle 2)
11. **dont** (p 68)
12. **ce qui** (☺ **III** p 17/3)
13. **dont** (p 68)
14. **qui** (☺ **III** p 16/1)
15. **dont** (p 68)
16. **laquelle** (p 71/ règle 1)
17. **ce dont** (p 68/ Merke)
18. **lesquelles** (p 71/ règle 1)
19. **qui** (p 71/ règle 2)
20. **lesquels** (p 71/ règle 1)
21. **ce qui** (☺ **III** p 17/3)
22. **dont** (p 68)
23. **ce qui** (☺ **III** p 17/3)
24. **lesquelles** (p 72 / règle 4)
25. **quoi** (p 73 / règle 1)
26. **dont** (p 68)
27. **ce que** (☺ **III** p 17/4)
28. **lesquelles** (p 72 / règle 4)
29. **dont** (p 68)
30. **lequel** (M.Renoir) / **laquelle** (la cousine) (p 71/ règle 3)
31. **ce dont** (p 68/ Merke)
32. **laquelle** (p 71/ règle 1)
33. **qui** (p 71/ règle 2)
34. **lequel** (Pierre) / **laquelle** (la mère) (p 71/ règle 3)
35. **ce dont** (p 68 / Merke)
36. **qui** (☺ **III** p 16/1)
37. **que** (☺ **III** p 16/2)
38. **auquel** (p 71/ règle 1, *penser à*)
39. **dont** (p 68)
40. **ce qui** (☺ **III** p 17/3)
41. **duquel** (p 72 / règle 5)
42. **lesquels** (p 72 / règle 4)
43. **où** (☺ **III** p 17/5) / *seltener* : **dans laquelle** (p 71/ règle 1)
44. **lequel** (p 71/ règle 1)
45. **quoi** (p 73/ règle 1)
46. **lequel** (p 71/ règle 1)
47. **lesquels** (p 72/ règle 4), **qui** (☺ **III** p 16/1)
48. **dont** (p 68) ***(deren** Schönheit)*
49. **qui** (☺ **III** p 16/1)
50. **qu'** (☺ **III** p 16/2)
51. **dans laquelle** (p 71/ règle 1) / **où** (☺ **III** p 17/5)
52. **qui** (p 71/ règle 2)
53. **qui** (p 71/ règle 2)
54. **quoi** (p 73/ Merke)
55. **lesquelles** (p 72/ règle 4)
56. **laquelle** (p 72/ règle 5)
57. **où** (☺ **III** p 17/5)
58. **laquelle** (p 71/ règle 1)
59. **qui** (☺ **III** p 16/1), **que** (☺ **III** p 16/2)
60. **qui** (p 71/ règle 2)
61. **lesquels** (p 72/ règle 4)
62. **qui** (hier keine Verwechslungsgefahr; nur weiblich möglich: Beziehung ist eindeutig wegen *morte*) (☺ **III** p 16/1)
63. **quoi** (p 73/ Merke)
64. **dont** (p 68) (*rêver **de***)
65. **ce que** (☺ **III** p 17/4), (p 31/Achtung)
66. **ce dont** (p 68 / Merke)
67. **ce qui** (☺ **III** p 17/3)
68. **qui** (p 71/ règle 2)
69. **laquelle** (p 71/ règle 1)
70. **lequel** (p 71/ règle 1)
71. **où** (*le jour où ... = der Tag an dem ...*) p 75: **où** für *Ort* und *Zeit*)
72. **de quoi** (p 73/ règle 3) (*se plaindre **de***)
73. **à qui** (p 71/ règle 2)
74. **avec qui** (p 71/ règle 2)
75. **desquels** (p 72/ règle 5)
76. **Ce qu'** (☺ **III** p 17/4)
77. **qui** (☺ **III** p 16/1)
78. **dont** (p 68) (*s'occuper **de***)
79. **qu'** (☺ **III** p 16/2)
80. **auquel** (p 71/ règle 1)
81. **que** (☺ **III** p 16/2)
82. **auquel** (p 71/ règle 1) (*pardonner **à** qn.*) (*Weitere Möglichkeit*: C'est seulement à son chien **qu**'elle pardonne tout. *Dieses **que** ist jedoch kein Relativpronomen, sondern eine Konjunktion!*)
83. **qu'** (☺ **III** p 16/2)
84. **de quoi** (p 73/ règle 3) (*parler **de***)
85. **dont** (p 68) (*être content **de***)
86. **dont** (p 68) (*se plaindre **de***)
87. **qu'** (☺ **III** p 16/2)
88. **où** (*le jour où ... = der Tag an dem ...*) (p 75: **où** für *Ort* und *Zeit*)
89. **dont** (p 68) (*savoir **de***)
90. **où** (☺ **III** p 17/5)
91. **dont** (p 68 / Merke) (***deren** Mutter*)
92. **à quoi** (p 73/ règle 1)
93. **où** (☺ **III** p 17/5)
94. **dont** (p 68 / Merke) (***deren** Fenster*)
95. **dont** (p 68) (*savoir **de** = wissen von*)
96. **dont** (p 68) (*se souvenir **de** = sich erinnern an*)
97. **Ce à quoi** (p 73/ règle 1)
98. **où** (*l'année où ... = das Jahr in dem ...*) (p 75: **où** für *Ort* und *Zeit*)
99. **dont** (p 68) (*connaître **de** = kennen von*)
100. **ce à quoi** (p 73/ règle 1)
101. **qui** (☺ **III** p 16/1), (☺ **II** p 7/5)
102. **quoi** (p 73/ règle 2)
103. **Ce qui** (☺ **III** p 17/3)
104. **à quoi** (p 73/ règle 3) (*servir **à** = dienen zu*)
105. **qui** (☺ **III** p 16/1)
106. **dont** (p 68 / Merke) (*darunter*)
107. **à qui** (p 71/ règle 2)
108. **où** (☺ **III** p 17/5)
109. **dont** (p 68) (*s'occuper **de** = sich kümmern um*)

page 82

Mehrere Lösungen sind möglich.
Hier eine Auswahl.

1. La facture **est payée** ***par*** mon père. (p 80, ***par*** *betont Urheber der Handlung*)
2. Barbara **est appréciée** ***de*** tout le monde / ***de*** tous.
   (p 80, ***de*** *drückt Gefühlsäußerung aus, manche Schriftsteller verwenden auch* ***par***)
3. Notre oncle nous aide./ Nous **sommes aidé(e)s** ***par*** notre oncle. *(****par*** *betont Urheber der Handlung)*
4. Nicole **était suivie** ***par*** un petit chien. (*Imparfait = es war immer so*) / Nicole **a été suivie** ...
   (*Passé composé = daraufhin wurde sie verfolgt; einmaliges Ereignis*)
   (p 80, ***suivre*** *steht manchmal mit* ***de****, hier passt jedoch* ***par*** *besser*)
5. Les maisons **ont été détruites** ***par*** l'eau. (p 80, ***par*** *betont Urheber der Handlung*)
6. Les parents aideront leurs enfants. / Les enfants **seront aidés** ***par*** leurs parents.
   (p 80, ***par*** *betont Urheber der Handlung*)
7. La lettre **a été écrite** ***par*** Monsieur Dupont. (p 80, ***par*** *betont Urheber der Handlung*)
8. Vous **êtes pardonné**, Monsieur. (p 81/Merke 3)
9. Son sac **a été volé**. / On a volé son sac. (p 80/Merke 1)
10. La maison **sera reconstruite**. / On va reconstruire la maison. (p 80/Merke 1)
11. La fenêtre **aurait été ouverte**. / On aurait ouvert la fenêtre. (p 80/Merke 1)
12. Monsieur Legrand **était accompagné** ***de*** son épouse. (p 80, *mit* ***accompagner*** *steht häufiger* ***de***)
13. La porte **sera fermée** à huit heures du soir. / On va fermer la porte à huit heures du soir. (p 80/Merke 1)
14. Elle **a été pardonnée**. (p 81/Merke 3)
15. La vieille dame **a été blessée** ***par*** une voiture rouge. (p 80, ***par*** *betont Urheber der Handlung*)
16. Le pont **a été démoli** ***par*** le feu. (p 80, ***par*** *betont Urheber der Handlung*)
17. La date de la fête **sera fixée** demain. / On va fixer la date de la fête demain. (p 80/Merke 1)
18. Ce pull **se lave** à la main. (p 81/Merke 2)
19. Notre appartement **est nettoyé** une fois par semaine. / On nettoie notre appartement une fois par semaine.
    (p 80/Merke 1)
20. Les maisons **auraient été détruites** ***par*** la lave. (p 80, ***par*** *betont Urheber der Handlung*)
21. Ma voiture **sera réparée** la semaine prochaine. / On va réparer ma voiture la semaine prochaine. (p 80/Merke 1)
22. Le cambrioleur **a été interrogé** ***par*** la police. (p 80, ***par*** *betont Urheber der Handlung*)
23. Madame Garnier **sera opérée** le 5 mai. / On va opérer Madame Garnier le 5 mai. (p 80/Merke 1)
24. Les valises **étaient contrôlées** à l'aéroport. / On contrôlait les valises à l'aéroport. (p 80/Merke 1)
25. Madame Ledoux **a été accompagnée** ***de*** son mari. (p 80, *mit* ***accompagner*** *steht häufiger* ***de***)
26. Le couple **a été surpris** ***par*** Monsieur Bonaure. (p 80, ***par*** *betont Urheber der Handlung*)
27. Cette prof **est haïe et crainte** ***de*** tout le monde. (p 80, ***de*** steht bei Gefühlsäußerungen)
28. ‹L'italien **s'apprend** plus facilement que le français›, pense Madame Costantini. (p 81/Merke 2)
29. Le ‹e› ne **se prononce** pas. (p 81/Merke 2)
30. Nous **avons été obéi(e)s**. (p 81/Merke 3)
31. Ta robe **aurait dû être lavée** à 40°. (p 79)
32. Le nouveau jeu vidéo **est installé** ***par*** Monsieur Breton. (p 80, ***par*** *betont Urheber der Handlung*)
33. Les photos de Noël **seront développées** la semaine prochaine. /
    On va développer les photos de Noël la semaine prochaine. (p 80/Merke 1)
34. Toute la maison **est nettoyée** ***par*** papa seul. (p 80, ***par*** *betont Urheber der Handlung*)
35. Ses livres **seront traduits** en fançais. / On va traduire ses livres en français. (p 80/Merke 1)
36. La voiture **sera vendue** ***par*** Madame Legrand. (p 80, ***par*** *betont Urheber der Handlung*)
37. La maison **est entourée** ***de*** grands arbres. (p 80, ***de*** steht bei ***entourer***)
38. Cela **se comprend**. (p 81/Merke 2)
39. La tour **a été reconstruite**. / On a reconstruit la tour. (p 80/Merke 1)

pages 85/86/87

1. **celle** (p 83, Merke 1, de)
2. **Ceux** (p 83, Merke 1, qui)
3. **ceci** (p 84, kündigt etwas an, das folgen wird / Schriftsprache) / **cela** (Umgangssprache)
4. **Celle** (p 83, Merke 1, de + le = du)
5. **Celui-ci, celui-là** (p 83, Merke 2/ Gegenüberstellung von 2 Dingen)
6. **celui** (p83, Merke1, sur), **celui** (p83, Merke1, de)
7. **Celle-ci, celle-là** (p 83, Merke 2/ Gegenüberstellung von 2 Personen)
8. **celui** (p 83, Merke 1)
9. **ceux** (p 83, Merke 1, qui)
10. **Celles** (p 83, Merke 1, de)
11. **Celle-ci, celle-là**
    (p 83, Merke 2/ Gegenüberstellung von 2 Dingen)
12. **celui** (p 83, Merke 1, de)
13. **cela / ça** (p 84)
14. **ceux** (p 83, Merke 1)
15. **celles** (p 83, Merke 1, de)
16. **ceux** (p 83, Merke 1, qui)
17. **ceux** (p 83, Merke 1, qui)
18. **celles** (p 83, Merke 1, dont)

19. **Celui-ci, celui-là**
(p 83, Merke 2/ Gegenüberstellung von 2 Dingen)
20. **ce** (p 84, Merke 1))
21. **celle** (p 83, Merke 1, de)
22. **celle-ci, celle-là**
(p 83, Merke 2/ Gegenüberstellung von 2 Dingen)
23. **Ceux** (p 83, Merke 1, qui)
24. **celle** (p 83, Merke 1)
25. **Celle-ci, celle-là**
(p 83, Merke 2/ Gegenüberstellung von 2 Dingen)
26. **Celle** (p 83, Merke 1), **celle** (p 83, Merke 1)
27. **Ceux** (p 83, Merke 1, qui)
28. **celle-ci, celle-là**
(p 83, Merke 2/ Gegenüberstellung v. 2 Personen)
29. **Ceux** (p 83, Merke 1)
30. **Ce** (p 84, Merke 1)
31. **ceux** (p 83, Merke 1, qui)
32. **celle** (p 83, Merke 1, qui)
33. **celle** (p 83, Merke 1, que)
34. **celui** (p 83, Merke 1, qui)
35. **celle** (p 83, Merke 1, de)
36. **celles-ci / celles-là**
(p 83, Merke 2 / Näheres oder Entfernteres)
37. **Celle** (p 83, Merke 1, de + le = du)
38. **Celui-ci, celui-là**
(p 83, Merke 2/ Gegenüberstellung von 2 Dingen)
39. **celle-là** (p 83, Merke 2 / Entfernteres)
40. **Ceux** (p 83, Merke 1, dont)
41. **Celles-ci / celles-là**
(p 83, Merke 2 / Näheres oder Entfernteres)
42. **ce** (p 84, Merke 1, qui)
43. **celui** (p 83, Merke 1, avec qui)
44. **Celui-ci, celui-là**
(p 83, Merke 2/ Gegenüberstellung v. 2 Personen)
45. **celles** (p 84, Merke 1, de)
46. **Celui** (p 83, Merke 1), **celui** (p 83, Merke 1)
47. **Celui** (p 83, Merke 1, de)
48. **celui** (p 83, Merke 1, de)
49. **Celles** (p 83, Merke 1, que)
50. **Celui** (p 83, Merke 1)
51. **ce** (p 84, Merke 1, dont)
52. **celui** (p 83, Merke 1, qui)
53. **celui-là** (p 83, Merke 2/
Gegenüberstellung von 2 Dingen),
Celui (p 83, Merke 1, de droite)
54. **celle** (p 83, Merke 1, qui)
55. **celui** (p 83, Merke 1, qui)
56. **celui** (p 83, Merke 1, de)
57. **celui-là** (p 83, Merke 2/ Unmut über eine Person)
58. **celui** (p 83, Merke 1, de)
59. **celle** (p 83, Merke 1, que)
60. **ce** (p 84, Merke 1, que)
61. **celle-ci** (p 83, Merke 2)
62. **ceux** (p 83, Merke 1, que)
63. **celle-ci / celle-là**
(p 83, Merke 2 / Näheres oder Entfernteres)
64. **celle** (p 83, Merke 1, qui)
65. **celui-ci** (p 83, Merke 2)
66. **Ceux** (p 83, Merke 1, qui)
67. **Celle-ci, celle-là**
(p 83, Merke 2 / Gegenüberstellung von 2 Dingen)
68. **Ce** (p 84, Merke 1, à quoi)
69. **celle** (p 83, Merke 1, de + les = des)
70. **celles** (p 83, Merke 1, de gauche)
71. **celui** (p 83, Merke 1, de)
72. **celui** (p 83, Merke 1, où)
73. **Cela** (p 84)
74. **ce** (p 84, Merke 1, que)
75. **Cela / Ça** (p 84, Merke 2/Achtung)
76. **ceux** (p 83, Merke 1, que)
77. **celles-ci / celles-là**
(p 83, Merke 2 / Näheres oder Entfernteres)
78. **cela / ça** (p 84)
79. **celui** (p 83, Merke 1, de)
80. **celles-ci / celles-là**
(p 83, Merke 2 / Näheres oder Entfernteres)
81. **cela / ça** (p 84)
82. **ceux-ci / ceux-là**
(p 83, Merke 2 / Näheres oder Entfernteres)
83. **celui** (p 83, Merke 1, qui)
84. **celle-ci / celle-là**
(p 83, Merke 2 / Näheres oder Entfernteres)
85. **celui** (p 83, Merke 1, de)
86. **Cela / ça** (p 84)
87. **ceux** (p 83, Merke 1, dont)
88. **Celles** (p 83, Merke 1, que)
89. **celles** (p 83, Merke 1, qui)
90. **ceux** (p 83, Merke 1, qui)
91. **celle** (p 83, Merke 1, que)
92. **celui** (p 83, Merke 1, qui)
93. **Ça / Cela** (p 84)

pages 93/94/95/96

1. Sophie a prétendu qu'elle **avait** (présent ⇨ imparfait) mal à la gorge ce matin-là. (p 91/5)
2. Pierre nous a raconté qu'ils **avaient** rencontré (passé composé ⇨ plus-que-parfait *oder vereinfacht*: présent-Form in imparfait-Form verwandeln) Bertrand au cinéma la veille (p 91/5).
3. Il nous a informés que son ami **était** parti (passé composé ⇨ plus-que-parfait *oder vereinfacht*: présent-Form in imparfait-Form verwandeln) en vacances deux heures plus tôt (p 91/5).
4. Mme Lefèvre a promis que son mari **allait** (présent-Form ⇨ imparfait-Form) nous écrire le jour même / ce jour-là. (p 91/5)
5. Elle a annoncé qu'elle **serait** (futur ⇨ conditionnel *oder vereinfacht*: présent-Endung in imparfait-Endung verwandeln) à la maison une heure plus tard. (p 91/5)
6. Elle a dit qu'il **pleuvait** tout le temps et qu'il **faisait** très froid. (imparfait-Formen *bleiben* erhalten)
7. Elle a dit qu'elle **avait** (imparfait-Formen *bleiben* erhalten) perdu ses clés en ville l'avant-veille / deux jours avant / deux jours plus tôt. (p 91/5)
8. Elle a dit qu'il **aurait** dû (conditionnel passé *bleibt* conditionnel passé) attendre Monsieur Legrand.
9. Marie était sûre qu'il **ferait** (futur ⇨ conditionnel *oder vereinfacht*: présent-Endung in imparfait-Endung verwandeln) beau pendant les vacances ce mois-là. (p 91/5)

10. Maman a expliqué qu'elle **avait** déjà ouvert (plus-que-parfait *bleibt* plus-que-parfait) la porte quelque temps avant. (p 91/5)
11. La prof de français a annoncé qu'elle **partirait** (futur ⇨ conditionnel *oder vereinfacht*: présent-Endung in imparfait-Endung verwandeln) à Paris en septembre.
12. Claudine dit toujours qu'elle **déteste** le café. (p 88 règle 1, Zeitwort des Sagens ist im **présent** ⇨ **kein** Zeitenwechsel)
13. Monsieur Cocteau pensait que son devoir **n'était** pas (présent ⇨ imparfait) trop compliqué.
14. Pierre nous a informés que le film **était** (imparfait-Form *bleibt* erhalten) formidable l'avant-veille au soir. (p 91/5)
15. Paul a pensé qu'elle **aurait pu** (conditionnel passé *bleibt* conditionnel passé) lui téléphoner la veille au matin. (p 91/5)
16. Mon ami pense que tu as / **j'ai** raison. (p 88 règle 1, Zeitwort des Sagens ist in **Gegenwart** ⇨ **kein** Zeitenwechsel)
17. Papa a dit qu'il **savait** (présent ⇨ imparfait) bien que Pierre (☺ **III** p 8: wegen Verwechslungsgefahr verwenden wir den Namen *Pierre* anstelle des Pronomen *il*) **aurait** fini (futur antérieur ⇨ conditionnel passé *oder vereinfacht*: présent-Endung in imparfait-Endung verwandeln) son devoir le lendemain (p 91/5).
18. Maman signale qu'il **prendra** le train à huit heures. (p 88 règle 1, Zeitwort des Sagens ist in **Gegenwart** ⇨ **kein** Zeitenwechsel)
19. Elle a ajouté qu'il **travaillait** (présent ⇨ imparfait) à la poste à ce moment-là / qu'alors (p 91/5) il **travaillait** à la poste, mais **que** le travail ne lui **plaisait** (présent ⇨ imparfait) pas.
20. Il voulait savoir **si** (☺ **III** p 9/1) les Lebrun **viendraient** (futur ⇨ conditionnel) nous / les voir le vendredi d'après / le vendredi suivant (p 91/5).
21. Elle nous a demandé **si** (☺ **III** p 9/1) nous **allions** (présent ⇨ imparfait) faire une promenade.
22. Il ne savait pas quand (☺ **III** p 9/2: Fragewort der direkten Frage wird übernommen) Marie **partirait** (futur ⇨ conditionnel *oder vereinfacht*: présent-Endung in imparfait-Endung verwandeln).
23. Elle cherchait à savoir où (☺ **III** p 9/2: Fragewort der direkten Frage wird übernommen) mes amis **habitaient** (présent ⇨ imparfait).
24. Il m'a demandé ce que (☺ **III** p 9/2/Achtung: aus *qu'est-ce que* wird *ce que*) je **voulais** (présent ⇨ imparfait) dire.
25. Il voulait savoir à qui (☺ **III** p 9/2: Fragewort der direkten Frage wird übernommen) tu / **j'avais** (passé composé ⇨ plus-que-parfait *oder vereinfacht*: présent-Form in imparfait-Form verwandeln) téléphoné ce matin-là (p 91/5).
26. Elle veut savoir à quoi (☺ **III** p 9/2: Fragewort der direkten Frage wird übernommen) il **pense** (p 88 règle 1, Zeitwort des Sagens ist in **Gegenwart** ⇨ **kein** Zeitenwechsel).
27. Il nous a raconté qu'elle nous / leur **avait** téléphoné qu'elle **était** bien arrivée à Lille. (passé composé ⇨ plus-que-parfait *oder vereinfacht*: présent-Form in imparfait-Form verwandeln)
28. Ils voulaient savoir ce qui (☺ **III** p 9/2/Achtung: aus *qu'est-ce qui* wird *ce qui*) se **passait** (présent ⇨ imparfait) là-bas / là (p 91/5) à ce moment-là (p 91/5).
29. Il a demandé quand Monique **arriverait** (futur ⇨ conditionnel *oder vereinfacht*: présent-Endung in imparfait-Endung verwandeln) le lendemain soir (p 91/5). / quand **arriverait** Monique le lendemain soir. (☺ **III** p 10/3: Beachte die Wortstellung)
30. Il ne savait plus où **étaient** (présent ⇨ imparfait) les clés de la voiture. (☺ **III** p 10/3/Merke: Beachte die Wortstellung nach *où*)
31. Maman lui a dit **de mettre** son manteau. / Maman lui a dit qu'il **devait** mettre son manteau. / Maman lui a dit qu'il lui **fallait** mettre son manteau. (☺ **III** p 12)
32. Papa nous a dit **de ne jamais fumer** (☺ **III** p 12)
33. Elle nous a invités **à prendre** encore un sandwich. (☺ **III** p 12)
34. Elle était curieuse de savoir ce que (☺ **III** p 9/2/Achtung: aus *qu'est-ce que* wird *ce que*) tes / mes amis **voulaient** (imparfait *bleibt* imparfait) la veille (p 91/5).
35. Il n'a pas compris pourquoi (☺ **III** p 9/2) je / tu **pleurais** (présent ⇨ imparfait).
36. Elle a ajouté qu'elle **était** (présent ⇨ imparfait) sûre qu'il lui **écrirait** (futur ⇨ conditionnel *oder vereinfacht*: présent-Endung in imparfait-Endung verwandeln) quelques jours après / quelques jours plus tard (p 91/5).
37. Il voulait savoir si (☺ **III** p 9/1) nous **avions** fait (passé composé ⇨ plus-que-parfait *oder vereinfacht*: présent-Form in imparfait-Form verwandeln) une promenade la veille (p 91/5).
38. Elle a rapporté qu'on **comprenait** (présent ⇨ imparfait) bien pourquoi il **avait** écrit (passé composé ⇨ plus-que-parfait *oder vereinfacht*: présent-Form in imparfait-Form verwandeln) cette lettre-là (p 91/5).
39. Maman nous a dit **d'être** sages. / ... nous a dit que nous **devions** (présent ⇨ imparfait) être sages (☺ **III** p 12).
40. Nadine ne savait plus comment (☺ **III** p 9/2) il **s'appelait** (présent ⇨ imparfait).
41. Elle pensait qu'on **aurait dû** aider Pierre (conditionnel passé *bleibt* conditionnel passé) l'avant-veille au soir (p 91/5).
42. Il voudrait bien savoir où (☺ **III** p 9/2) son ami / Monsieur Leclerc (☺ **III** p 8: wegen Verwechslungsgefahr verwenden wir *son ami* oder den Namen *Monsieur Leclerc* anstelle des Pronomen *il*) **est/était** (p 90/c: nach conditionnel sowohl Zeitenwechsel als auch Beibehaltung der Zeit möglich) à ce moment-là (p 91/5).
43. Il est curieux de savoir si (☺ **III** p 9/1) elle **est** (p 88 règle 1, Zeitwort des Sagens ist in **Gegenwart** ⇨ **kein** Zeitenwechsel) contente de son travail.
44. Elle a ajouté qu'elle **serait allée** (conditionnel passé *bleibt* conditionnel passé) au ciné si elle **avait eu** (plus-que-parfait *bleibt* plus-que-parfait) le temps la veille (p 91/5).

45. Elle regrettait **de ne pas pouvoir** te / me rendre visite (☺ **III** p 8: Mögliche Einleitungen: *regretter de*) le mois d'après / le mois suivant (p 91/5).
46. Je leur ai proposé **de ne pas fumer** dans la salle de séjour (☺ **III** p 12).
47. Il cherchait à savoir si (☺ **III** p 9/1) j'**arriverais** (futur ⇨ conditionnel *oder vereinfacht*: présent-Endung in imparfait-Endung verwandeln) le dimanche d'après / le dimanche suivant (p 91/5).
48. Il s'est demandé où (☺ **III** p 9/2) **étaient** (présent ⇨ imparfait) les valises (☺ **III** p 10/3/Merke: Wortstellung).
49. Dites-moi **ce** à quoi (☺ **III** p 9/2) vous **pensez**. (p 88/1: nach **impératif kein** Zeitenwechsel)
50. Elle dira que nous ne **devons** (p 88/1: nach **futur** ⇨ **kein** Zeitenwechsel) pas venir trop tard. / Elle nous dira **de ne pas venir** trop tard. (☺ **III** p 12)
51. Il voulait savoir qui (☺ **III** p 9/2) **était** (présent ⇨ imparfait) cette dame-là (p 91/5).
52. Il a constaté qu'elle **serait** allée (futur antérieur ⇨ conditionnel passé *oder vereinfacht*: présent-Endung in imparfait-Endung verwandeln) au théâtre.
53. Il a demandé combien (☺ **III** p 9/2) ça **faisait** (présent ⇨ imparfait).
54. Il a annoncé qu'on **allait** (présent ⇨ imparfait) voir un beau film au ciné le lendemain (p 91/5).
55. Il ne savait pas ce que (☺ **III** p 9/2/Achtung: aus *qu'est-ce que* wird *ce que*) ça **voulait** (présent ⇨ imparfait) dire.
56. Il m'a demandé quel (☺ **III** p 9/2) bus je **prendrais** (futur ⇨ conditionnel *oder vereinfacht*: présent-Endung in imparfait-Endung verwandeln).
57. Paul a dit que Vienne **est** la capitale de l'Autriche. (p 90/3: bei allgemeingültigen Tatsachen wird die Zeit nicht verändert.)
58. D'abord il a dit **que** oui, mais peu après il a dit **que** non. / D'abord il **était d'accord**, mais peu après il **a refusé**./ D'abord il **était du même avis que nous**, mais peu après il **était plutôt hostile à** cette affaire. (p 90/4)
59. Je voudrais savoir ce que (☺ **III** p 9/2/Achtung: aus *qu'est-ce que* wird *ce que*) vous **ferez/feriez** (p 90/c: nach conditionnel sowohl Zeitenwechsel als auch Beibehaltung der Zeit möglich) pendant les vacances.
60. Il ne savait plus si (☺ **III** p 9/2) Papa **arrivait** (présent ⇨ imparfait) ce soir-là (p 91/5).
61. La serveuse m'a demandé ce que (☺ **III** p 9/2/Achtung: aus *qu'est-ce que* wird *ce que*: *Vous désirez = Qu'est-ce que* vous désirez) je **désirais** (présent ⇨ imparfait).
62. L'agent de police nous a demandé comment (☺ **III** p 9/2) l'accident s'**était** passé (passé composé ⇨ plus-que-parfait *oder vereinfacht*: présent-Form in imparfait-Form verwandeln).
63. Barbara nous a expliqué qu'elle ne **voulait** (présent ⇨ imparfait) pas sortir avec Hervé et Pascal parce qu'ils **fumaient** (présent ⇨ imparfait) beaucoup trop.
64. Il nous a promis qu'il s'**occuperait** (futur ⇨ conditionnel *oder vereinfacht*: présent-Endung in imparfait-Endung verwandeln) de notre jardin quand nous **serions** (futur ⇨ conditionnel *oder vereinfacht*: présent-Endung in imparfait-Endung verwandeln) en France le mois d'après / le mois suivant (p 91/5).
65. Elle a avoué qu'elle **avait** (passé composé ⇨ plus-que-parfait *oder vereinfacht*: présent-Form in imparfait-Form verwandeln) trompé Bertrand deux fois, mais elle a promis **de ne plus** le faire / refaire (promettre de + infinitif) / mais elle a promis qu'elle ne le **ferait** (futur ⇨ conditionnel *oder vereinfacht*: présent-Endung in imparfait-Endung verwandeln) plus.
66. Elle a raconté qu'un mois plus tôt (p 91/5) elle ne **pensait** pas (imparfait *bleibt* imparfait) qu'elle **trouverait** (conditionnel *bleibt* conditionnel) une si jolie maison.
67. Il m'a proposé **d'aller** (proposer de + infinitif) à Paris ensemble. / qu'on **aille** / que nous **allions** (*Achtung: Hier handelt es sich um einen* ***subjonctif****, siehe* ☺ **V**) à Paris ensemble.
68. Elle a souligné qu'il **était** (présent ⇨ imparfait) absolument nécessaire de les aider.
69. L'avocat a constaté que l'accusé (☺ **III** p 8: wegen Verwechslungsgefahr verwenden wir *l'accusé* anstelle des Pronomen *il*) **répétait** (imparfait *bleibt* imparfait) toujours qu'il n'**était** (imparfait *bleibt* imparfait) pas coupable.
70. Elle a dit que nous **avions** (passé composé ⇨ plus-que-parfait *oder vereinfacht*: présent-Form in imparfait-Form verwandeln) cru / qu'ils **avaient** (passé composé ⇨ plus-que-parfait *oder vereinfacht*: présent-Form in imparfait-Form verwandeln) cru que Marie **allait** (imparfait *bleibt* imparfait) vivre en France.
71. Elle a constaté qu'il **était** (présent ⇨ imparfait) déjà sept heures et qu'il **fallait** (présent ⇨ imparfait) se dépêcher alors / à ce moment-là (p 91/5).
72. Elle va admettre qu'elle **a oublié** (p 88 règle 1, Zeitwort des Sagens ist in **Gegenwart** / futur proche ⇨ **kein** Zeitenwechsel) ses boucles d'oreilles.
73. Maman m'a défendu **de prendre** (défendre de + infinitif) ce pull-là (p 91/5), parce qu' (*wird eingeschoben, um die Sätze besser zu verbinden*) il **était** (présent ⇨ imparfait) trop cher.
74. Ils ont objecté que ce n'**était** (présent ⇨ imparfait) pas bon de lui rendre visite à ce moment-là (p 91/5).
75. Ils ont dit qu'ils **étaient** (présent ⇨ imparfait) certains que Claire **était** déjà arrivée (passé composé ⇨ plus-que-parfait *oder vereinfacht*: présent-Form in imparfait-Form verwandeln) là-bas (p 91/5).
76. Philippe s'était fâché parce qu'on ne lui **avait** rien dit (passé composé ⇨ plus-que-parfait *oder vereinfacht*: présent-Form in imparfait-Form verwandeln).
77. Elle a déclaré qu'elle ne se **marierait** (futur ⇨ conditionnel *oder vereinfacht*: présent-Endung in imparfait-Endung verwandeln) pas avec lui parce qu'il l'**avait** trompée (passé composé ⇨ plus-que-parfait *oder vereinfacht*: présent-Form in imparfait-Form verwandeln).
78. Elle nous a demandé si (☺ **III** p 9/1) nous **savions** (présent ⇨ imparfait) s'il **avait** pris (passé composé ⇨ plus-que-parfait *oder vereinfacht*: présent-Form in imparfait-Form verwandeln) le train ou l'avion.
79. Ils ont avoué qu'ils **avaient** fait (plus-que-parfait *bleibt* plus-que-parfait) beaucoup de fautes.
80. Il a affirmé qu'ils **avaient** fait (passé composé ⇨ plus-que-parfait *oder vereinfacht*: présent-Form in imparfait-Form verwandeln) la connaissance des Ledoux trois semaines plus tôt (p 91/5).

81. Il a promis qu'il **allait** (présent ⇨ imparfait) nous accompagner / m'accompagner à la gare trente minutes plus tard (p 91/5). / Il a promis **de nous / de m'accompagner** (promettre de + infinitif) ....
82. Ils ont précisé que notre / leur bureau **serait** (futur ⇨ conditionnel *oder vereinfacht*: présent-Endung in imparfait-Endung verwandeln) fermé le surlendemain / deux jours après / deux jours plus tard. (p 91/5)
83. Il a dit que le téléphone **avait** sonné (passé composé ⇨ plus-que-parfait *oder vereinfacht*: présent-Form in imparfait-Form verwandeln) juste au moment où il **voulait** partir (imparfait *bleibt* imparfait).
84. Papa m'a dit **de lui donner** cela (p 91/5). / Papa m'a dit **qu'il** me **fallait** (présent ⇨ imparfait) **lui donner** cela. / Papa m'a dit **que je devais** (présent ⇨ imparfait) **lui donner** cela. (☺ **III** p 12)
85. Elle était curieuse de savoir quel (☺ **III** p 9/2) bus nous **prendrions** (futur ⇨ conditionnel *oder vereinfacht*: présent-Endung in imparfait-Endung verwandeln). / quel bus vous **prendriez** / je **prendrais**.
86. Nous ne connaissions pas la raison **pour laquelle** (☺ **III** p 11/5) elle se **plaignait** (présent ⇨ imparfait) toujours.
87. Luc nous a informés qu'on **pouvait** (présent ⇨ imparfait) très bien manger au restaurant italien.
88. Elle annonce qu'on **passera** (p 88/1: Zeitwort des Sagens ist im **présent** ⇨ **kein** Zeitenwechsel) un film extra au ciné le lendemain après-midi (p 91/5).
89. Pierre nous a demandé pourquoi (☺ **III** p 9/2) nous ne l'**avions** pas informé (passé composé ⇨ plus-que-parfait *oder vereinfacht*: présent-Form in imparfait-Form verwandeln) l'avant-veille au soir (p 91/5).
90. Elle voulait savoir si (☺ **III** p 9/1) je **connaissais** (présent ⇨ imparfait) quelqu'un qui **pourrait** (conditionnel *bleibt* conditionnel) m'aider.
91. Il m'a raconté qu'il **avait** vu (passé composé ⇨ plus-que-parfait *oder vereinfacht*: présent-Form in imparfait-Form verwandeln) mes parents à la gare la veille à l'après-midi (p 91/5).
92. Maman a ajouté que les enfants **étaient** rentrés (passé composé ⇨ plus-que-parfait *oder vereinfacht*: présent-Form in imparfait-Form verwandeln) vers minuit.
93. Dis-moi si (☺ **III** p 9/1) vous avez / si tu as soif. (p 88/1: nach **impératif** ⇨ **kein** Zeitenwechsel)
94. Simon a dit qu'il ne **savait** (présent ⇨ imparfait) pas encore quand Luc **aurait** trouvé (futur antérieur ⇨ conditionnel passé *oder vereinfacht*: présent-Endung in imparfait-Endung verwandeln) un emploi.
95. Les Ligot nous ont écrit qu'ils s'**étaient** bien reposés (passé composé ⇨ plus-que-parfait *oder vereinfacht*: présent-Form in imparfait-Form verwandeln) là-bas (p 91/5).
96. Grand-mère ne savait plus où (☺ **III** p 9/2) elle **avait** mis (passé composé ⇨ plus-que-parfait *oder vereinfacht*: présent-Form in imparfait-Form verwandeln) ses lunettes.
97. Nicolas a promis qu'il **ferait** (futur ⇨ conditionnel *oder vereinfacht*: présent-Endung in imparfait-Endung verwandeln) ses devoirs ce soir-là (p 91/5).
98. Il a rapporté que les Legrand **avaient** déjà vendu (passé composé ⇨ plus-que-parfait *oder vereinfacht*: présent-Form in imparfait-Form verwandeln) leur maison l'année d'avant (p 91/5).
99. Monique pense que son amie / Barbara .... (☺ **III** p 8: wegen Verwechslungsgefahr verwenden wir *son amie / Barbara ...* anstelle des Pronomen *elle*) **voudrait** (conditionnel *bleibt* conditionnel) bien revoir Pilou.
100. Elle regrettait de nous informer qu'elle **avait** (présent ⇨ imparfait) mal à la tête, mais **qu'**elle **avait** déjà téléphoné (passé composé ⇨ plus-que-parfait *oder vereinfacht*: présent-Form in imparfait-Form verwandeln) à Paul. Elle disait (*wird eingeschoben, um die Sätze besser zu verbinden*) qu'il **viendrait** (futur ⇨ conditionnel *oder vereinfacht*: présent-Endung in imparfait-Endung verwandeln) la chercher une heure plus tard (p 91/5).
101. Elle nous a raconté qu'il **avait** annoncé (passé composé ⇨ plus-que-parfait *oder vereinfacht*: présent-Form in imparfait-Form verwandeln) qu'il **partirait** (conditionnel *bleibt* conditionnel) vivre en France.
102. Madame Gilot voulait savoir à quelle heure (☺ **III** p 9/2) nous **fermions** / je **fermais** (présent ⇨ imparfait).
103. Elle a dit qu'elle **avait** mal dormi (passé composé ⇨ plus-que-parfait *oder vereinfacht*: présent-Form in imparfait-Form verwandeln) cette nuit-là (p 91/5).
104. Il nous a informés que Pierre **avait** vu (passé composé ⇨ plus-que-parfait *oder vereinfacht*: présent-Form in imparfait-Form verwandeln) Monsieur Pugeol quelque temps avant (p 91/5).
105. Elle nous a raconté qu'il **voudrait** (conditionnel *bleibt* conditionnel) savoir à qui elle **avait** écrit (plus-que-parfait *bleibt* plus-que-parfait).
106. L'élève a expliqué qu'il **n'avait pas pu** (vorzeitiges Zeitverhältnis, p 92/6b) apprendre le nouveau vocabulaire parce que sa tante **était** venue (passé composé ⇨ plus-que-parfait *oder vereinfacht*: présent-Form in imparfait-Form verwandeln) les voir la veille (p 91/5). Il a ajouté (*wird eingeschoben, um die Sätze besser zu verbinden*) qu'alors ils **avaient** pris (passé composé ⇨ plus-que-parfait *oder vereinfacht*: présent-Form in imparfait-Form verwandeln) le café et qu'ils **avaient** fait (passé composé ⇨ plus-que-parfait *oder vereinfacht*: présent-Form in imparfait-Form verwandeln) une balade avec elle; Il a dit (wird zur Verbindung eingeschoben) que le soir il **avait été** (vorzeitiges Zeitverhältnis, p 92/6b) trop fatigué, mais qu'il **promettait** (présent ⇨ imparfait) au prof qu'il **ferait** (futur ⇨ conditionnel *oder vereinfacht*: présent-Endung in imparfait-Endung verwandeln) ses devoirs ce jour-là / le jour même (p 91/5).
107. Il nous **a demandé** si nous **lisions** (p 92/6a: gleichzeitig) ce roman./
Il nous **a demandé** si nous **avions lu** (p 92/6b: vorzeitig) ce roman./
Il nous **a demandé** si nous **lirions** (p 92/6c/1: nachzeitig) ce roman./
Il nous **a demandé** si nous **aurions lu** (p 92/6c/2: nachzeitig vollendet) ce roman.
108. Elle **est** curieuse de savoir si nous **allons voir** / **verrons** (p 92/6c/1: nachzeitig) ce film./
Elle **est** curieuse de savoir si nous **avons vu** (p 92/6b: vorzeitig) ce film./
Elle **est** curieuse de savoir si nous **aurons vu** (p 92/6c/2: nachzeitig vollendet) ce film, (quand elle rentrera).

109. Elle **croyait** qu'il **était** (p 92/6a: gleichzeitig) trop tard pour aller en ville./
Elle **croyait** qu'il **avait** déjà **été** (p 92/6b: vorzeitig) trop tard pour aller en ville./
Elle **croyait** qu'il **serait** (p 92/6c/1: nachzeitig) déjà trop tard pour aller en ville./
Elle **croyait** qu'il **aurait** déjà **été** (p 92/6c/2: nachzeitig vollendet) trop tard pour aller en ville.

110. Pierre **a dit** que son ami **avait** (p 92/6a: gleichzeitig) tort./
Pierre **a dit** que son ami **avait eu** (p 92/6b: vorzeitig) tort./
Pierre **a dit** que son ami **aurait** (p 92/6c/1: nachzeitig) tort./
Pierre **a dit** que son ami **aurait eu** (p 92/6c/2: nachzeitig vollendet) tort.

111. Il nous **a raconté** qu'il **travaillait** (p 92/6a: gleichzeitig) à Vienne./
Il nous **a raconté** qu'il **avait travaillé** (p 92/6b: vorzeitig) à Vienne./
Il nous **a raconté** qu'il **travaillerait** (p 92/6c/1: nachzeitig) à Vienne./
Il nous **a raconté** qu'il **aurait travaillé** (p 92/6c/2: nachzeitig vollendet) à Vienne.

112. Elle **a demandé** quel train je **prenais** (p 92/6a: gleichzeitig)./
Elle **a demandé** quel train j'**avais pris** (p 92/6b: vorzeitig)./
Elle **a demandé** quel train je **prendrais** (p 92/6c/1: nachzeitig)./
Elle **a demandé** quel train j'**aurais pris** (p 92/6c/2: nachzeitig vollendet).

113. Elle **veut** savoir chez qui François **habite** (p 92/6a: gleichzeitig)./
Elle **veut** savoir chez qui François **a habité** (p 92/6b: vorzeitig)./
Elle **veut** savoir chez qui François **habitera** (p 92/6c/1: nachzeitig)./
Elle **veut** savoir chez qui François **aura habité** (p 92/6c/2: nachzeitig vollendet) (après ses études).

114. Il **pensait** que Sylvie **partait** (p 92/6a: gleichzeitig) en Italie./
Il **pensait** que Sylvie **était partie** (p 92/6b: vorzeitig) en Italie./
Il **pensait** que Sylvie **partirait** (p 92/6c/1: nachzeitig) en Italie./
Il **pensait** que Sylvie **serait partie** en Italie (p 92/6c/2: nachzeitig vollendet).

115. Il **a dit** que cela n'**était** pas (p 92/6a: gleichzeitig) difficile./
Il **a dit** que cela n'**avait** pas **été** (p 92/6b: vorzeitig) difficile./
Il **a dit** que cela ne **serait** pas (p 92/6c/1: nachzeitig) difficile./
Il **a dit** que cela n'**aurait** pas **été** (p 92/6c/2: nachzeitig vollendet) difficile.

